MICHAEL WENDLER
DIE FAUST DES SCHLAGERS

MICHAEL WENDLER
DIE FAUST DES SCHLAGERS

riva

Bibliografische Information der Deutschen Nationalbibliothek:
Die Deutsche Nationalbibliothek verzeichnet diese Publikation in der Deutschen Nationalbibliografie; detaillierte bibliografische Daten sind im Internet über http://d-nb.de abrufbar.

Für Fragen und Anregungen:
derwendler@rivaverlag.de

2. Auflage 2010

© 2010 by riva Verlag, ein Imprint der FinanzBuch Verlag GmbH
Nymphenburger Straße 86
D-80636 München
Tel.: 089 651285-0
Fax: 089 652096

Alle Rechte, insbesondere das Recht der Vervielfältigung und Verbreitung sowie der Übersetzung, vorbehalten. Kein Teil des Werkes darf in irgendeiner Form (durch Fotokopie, Mikrofilm oder ein anderes Verfahren) ohne schriftliche Genehmigung des Verlages reproduziert oder unter Verwendung elektronischer Systeme gespeichert, verarbeitet, vervielfältigt oder verbreitet werden.

Manuskriptbearbeitung: Detlef Dreßlein
Umschlaggestaltung: Melanie Madeddu, München
Umschlagabbildung: Manfred Esser
Fotos im Innenteil: Manfred Esser, außer Seite 5 unten, Seite 6
Satz: Manfred Zech, Landsberg am Lech
Druck: GGP Media GmbH, Pößneck
Printed in Germany

ISBN 978-3-86883-065-1

Weitere Informationen zum Verlag finden Sie unter

www.rivaverlag.de
Gerne übersenden wir Ihnen unser aktuelles Verlagsprogramm

Diese Buch widme ich
meinen Fans,
ohne die ich nicht
der Wendler wäre.

INHALT

KAPITEL 1   **9**

KAPITEL 2   **13**
Ich bin der Wendler!   13
Doppelhaushälfte   16
Grundschule – Dick in Dinslaken   19
Schultage   23

KAPITEL 3   **25**
Änderungen   25
Karate Kid   27
Mein neues Leben   29
Rampensau   31
Vaterstolz   32
Mädchen   32
Freiheit auf Rädern   34

KAPITEL 4   **37**
Fürs Leben gelernt   37
Die Freundin   37
Autoritäten   42

KAPITEL 5   **47**
Schicksal, Teil 1   47
Schicksal, Teil 2   48
Schicksal, Teil 3   52

KAPITEL 6   **58**
Die Schlinge zieht sich zu   58
Sex sells   63
Grundlos   66
Schlagergala   69

KAPITEL 7 — 70
Alles nur aus Liebe — 70
Es geht los — 73
Wendler auf Tour(en) — 76
Mein Rezept: Penetranz und Hartnäckigkeit — 80

KAPITEL 8 — 83
Lernprozess — 83
Perspektiven — 86
Meine Armee — 90
Wirkungen — 97

KAPITEL 9 — 102
Adeline — 102
Der mühsame Weg nach oben — 108

KAPITEL 10 — 111
Sie liebt den DJ – Und den Wendler — 111
Deal — 116
Noch ein Deal — 118
Onkel Jürgen — 121
Spiegel-Leser wissen mehr — 125
Deutschland zu Gast beim Wendler — 128

KAPITEL 11 — 131
Die Bombe platzt — 131
Andere Schuldner — 137
Es geht weiter — 140

KAPITEL 12 — 144
Das Blatt wendet sich — 144
Immer auf den Wendler — 145
Schutt und Asche – Gedanken nach dem Absturz — 147

KAPITEL 13 — 151
Schlagerwelten — 151
Die Wendler-Masche oder das Prinzip Wendler — 153

Saubermänner und Sauberfrauen	157
Ein Stern, der den Namen DJ Ötzi trägt	159
Bernhard Brink, Roland Kaiser und Howie oder »Schlechte Charaktere«	164
Früher war alles schlechter	168

KAPITEL 14   169

No, we can't dance!	169
Mit Stefan Raab durchs Piratenmeer	172
Frühlingsfest der Neider	174

KAPITEL 15   176

Das Malocher-Jahr	176
Hochzeit	177
Der Wendler-Clan	180
Ein Flop und eine Trennung	183

KAPITEL 16   187

Der Polarisierer. Der Skandal-Mann	187
Der Wendler und der Bohlen	191
Das möchte ich euch noch mitgeben	193

KAPITEL 1

Hier ist der Wendler!

Ich durchschneide den dunkelblauen dünnen Vorhang und tauche ein. In meine Welt.

Ich höre Klatschen, Wummern, Rufen und Kreischen. Mein Herzschlag passt sich dem Rhythmus an. Der Bühnenboden aus Holzbohlen vibriert unter mir, das Klatschen und Kreischen wird energischer. Die Gesichter vor mir und zu meinen Füßen sind glänzend nass und glücklich. Es geht los. Der Wendler ist da.

»Bin ich allein?«, rufe ich in die vom Maschinennebel getrübte Luft. Alle schreien: »NEIN!« Das beruhigt. Die Boxen wummern von links und von rechts, vor und hinter mir, ich brauche immer den vollen Sound, um darin zu baden. Meine Füße zittern, wenn ich ein paar Sekunden ruhig stehe. Aber ruhig stehen, das tut hier keiner.

»Sie freut sich schon so auf ihn, sie macht sich nur für ihn schön ...«, singe ich in die Bässe hinein, die ersten Zeilen von *Sie liebt den DJ*. Ich beginne mein Konzert wie so oft mit der Wendlerhymne, dem Lied, das aus dem Aschenputtel den Prinzen formte. Vor mir schwenkt ein Meer aus Händen von links nach rechts. Dort, wo Platz ist, wird Discofox getanzt. Viele Fans sind weiblich. Aber nicht alle. Deshalb lobe ich die Jungs: »Danke fürs Kommen!«, rufe ich ihnen zu. »Ich weiß ja, wie's immer ist: Die Mädels wollen tanzen gehen und wir wollen eigentlich nur Fußball gucken.«

Dann kommt *Nina*: kein Song, sondern eine akustische Ikone, die für mich steht. »Ja Mädels, wo seid ihr denn?«, frage ich. Wie eine Welle gehen Arme in die Höhe und schwenken von links nach rechts. »Soll sich der Wendler nackig machen?«, setze ich noch eins drauf. Statt einer Antwort landet Unterwäsche auf der Bühne.

Wenn der Wendler auftritt, herrscht an den Biertheken im Saal Flaute, denn jeder tanzt. Bei der zweiten Strophe fliegen Blumen, Plüschtiere und Kleingeld. Im Publikum sind viele Frauen, fast drei Viertel der Anwesenden. Und alle singen mit. Jeden Song, jede Strophe, jedes Wort. Viele Fans kenne ich, weil sie immer wieder kommen, weil sie immer da sind, wenn der Wendler auftritt. Sie sind zwischen 18 und 81 und kopieren meine Bewegungen. Das hier ist kein Konzert. Es ist ein Ritual, ein Gottesdienst: Der Wendler ist da.

Noch vor wenigen Minuten tigerte ich mit gesenktem Kopf und vollkommen in mich versunken hinter dem Vorhang hin und her, das Mikro in der Hand, die Angst im Nacken. Es darf nichts schiefgehen. Ob die da draußen mich akzeptieren? Oder ob sie mich von der Bühne brüllen? Aber ich will mich nicht verstecken, ängstigen, wegducken müssen. Ich bin der Wendler. Der Star zum Anfassen. Ich bin der Wendler.

Kurz vor dem Auftritt, in der Künstlergarderobe, herrscht Ruhe. Ich habe meinen Alukoffer dabei, drin sind Autogrammkarten, CDs, Vordrucke für die Playlist. Die fülle ich immer erst kurz vor dem Konzert aus. Denn erst nach einem Blick auf das Publikum – auch wenn es nur drei Sekunden sind – weiß ich, in welcher Reihenfolge das Playback von den mitgebrachten Discs abgespielt wird. Die Nervennahrung: ein Red Bull und eine Ritter Sport Mini. Meinen Bodyguard Gregory schicke ich hinaus, er soll sich den Weg zur

Bühne ansehen. Im silbernen Aluköfferchen ist auch ein Etui mit D&G-Aufdruck. Da ist die Kette drin, das berühmte Kreuz, ohne das der Wendler so nackt wäre wie mit kahl rasierter Brust.

Getroffen haben wir uns zwei Stunden vorher in der Wendler-Villa, Dinslaken-Hiesfeld. Auch das ist ein Ritual. Lange vor den anderen ist der Tontechniker da. Und er ist auch gleich wieder weg, um mit dem Technikkram im Kleintransporter schon mal vorzufahren. Auch da gibt's gerade Ärger. Der Transporter ist zugemüllt und keiner will's gewesen sein. Vier Tontechniker arbeiten für mich. Coladosen, Taschentücher, Currywurstschalen – alles verrottet seit Wochen im Auto. Ich hasse Schlamperei, ich hasse Unprofessionalität. So was geht einfach nicht. Und wieder rumort in mir die Gewissheit, dass ich eben doch alles selber machen muss.

Zu den Auftritten komme ich grundsätzlich zu spät, weil ich immer am liebsten im Bett liegen bleiben würde. Aber jedes Mal geht es gerade noch gut. Eine Stunde vor Abfahrt setzt die Unruhe ein. Ich packe meinen Kleidersack, denn zu jedem Auftritt nehme ich zwei identische Outfits mit. Jeans, weißes Hemd, Lederjacke – das ist der Wendler. Heute führe ich den Anwesenden – das sind mein Manager Markus Krampe, mein Bodyguard Gregory, meine Frau Claudia und meine Tochter Adeline – ein Testgewand vor. Für mein neues Lied *Piloten wie wir* habe ich mir eine weiße Pilotenjacke und die dazu passende Mütze gekauft. Der Familienrat lehnt die Kostümierung ab: Sieht aus wie *Traumschiff*.

Dann geht es los. Ich steige in meine Limo. Deutschland wartet auf mich in Festzelten, Diskotheken und großen Hallen. Zu allen Konzerten fahre ich mit meinem schwarzen Benz. Schwarz ist ganz wichtig, denn ich stehe auf schwarze Autos. Aber alles über zweieinhalb Stunden Autofahrt ist eine Tortur für mich. Wir biegen auf die Autobahn, per Telefon lässt sich Markus den Weg zur Halle durchgeben. Nach 20 Minuten sind wir da und halten am Künstlereingang. Fans stehen auch schon da. Das tun sie immer. Egal wie versteckt der Eingang ist. Ich gebe Autogramme, lasse Fotos machen und antworte den Menschen. Sie sind meinetwegen hier. Das kann ich nicht hoch genug schätzen. Dann geht's rein in die Halle, die Treppe hoch und durchschleusen lassen bis zur Garderobe. Noch eine halbe Stunde bis zum Auftritt. Autogramme. Playlist. Red Bull. Umziehen. Konzentrieren. Durchatmen.

Dann bringt mich Gregory durch den Gang zur Bühne. Ich höre und spüre die Menschen draußen nur ganz entfernt. Ich bin hoch konzentriert. Ich tigere hinter der Bühne hin und her. Der Moderator ruft euphorisch: »Hier ist Michael!«, und aus tausenden Kehlen dröhnt es zurück: »WENDLER!« Ich springe durch den Vorhang. Die Bässe wummern.

Eingetaucht.

Hier bin ich. Hier ist der Wendler!

KAPITEL 2

ICH BIN DER WENDLER!

Ich bin als Michael Skowronek in Dinslaken geboren, am 22. Juni 1972. Und ich hatte immer das Gefühl, im Krankenhaus vertauscht worden zu sein. Mein Geburtsname passt einfach nicht zu mir. Ich wohne auch heute noch in Dinslaken. In Sichtweite der Kirche, in der ich getauft wurde.

Wenn ich alte Fotos durchsehe, dann gibt es ein immer wiederkehrendes Motiv: Ich im Kinderwagen, dahinter ein Möbelwagen und rundherum die hellbraunen Umzugskartons. Oder ich in einer halb leeren Wohnung, beim Einräumen oder Ausräumen. An die fünf Umzüge hatte ich schon hinter mir, bevor ich 5 Jahre alt war. Meistens aber nur innerhalb von Dinslaken, von Nord nach Süd, von der Innenstadt in die Vororte und wieder zurück. Aber auch immer mal wieder in den benachbarten Stahlmoloch Duisburg. Eines ist mir seither in Erinnerung geblieben: Das ungemütliche Gefühl der Unsicherheit. Das muss der Wendler nicht mehr haben und auch seine Familie nicht, deshalb bleiben wir, wo wir sind. In Dinslaken.

Denn es war ja kaum möglich, Freundschaften oder Beziehungen aufzubauen, wenn man ständig wieder herausgerissen wurde. Einzig meine drei Jahre ältere Schwester Bettina blieb mir immer erhalten und so entwickelte ich zu ihr eine besonders liebevolle Beziehung, wie sie zwischen Bruder und Schwester in diesem Alter wohl eher ungewöhnlich ist.

Diese Unstetigkeit in der Wohnortfrage habe ich meinem Vater zu verdanken, der seine Heimat immer im Herzen hatte und unbewusst dahin zurückwollte. Manfred Skowronek entstammt einer Duisburger Arbeiterfamilie, wie sie im Bergbau-Museum ausgestellt werden könnte. Einfache Menschen, erdig und kernig und immer mit dem inneren Drang, durch harte Arbeit nach oben klettern zu wollen, und sich die Hoffnung erhaltend, dass materieller Erfolg alles ist im Leben und glücklich macht.

So ging mein Vater, gleich nachdem er die Schule abgeschlossen hatte, zu Thyssen, diesem krakenartig ausgebreiteten Stahlgiganten in Duisburg, der mit seinen grauen Industriebauten, den Schornsteinen, die jeden Tag die Sonne vernebelten, und der brutal anstrengenden Arbeit an den Hochöfen auch der Inbegriff des Wirtschaftswunders war. Wie Duisburg ja überhaupt in seiner Grauheit den Ruhrpott und seine ganze Tristesse abbildete. Manfred Skowronek machte keine Ausbildung, was Anfang der Sechzigerjahre auch nicht schlimm war, denn Arbeitslosigkeit war kein Thema. Es wurde gebraucht, wer anpacken konnte. Er arbeitete als Elektromonteur. Aber weil die Ausbildung fehlte, konnte er nie richtig aufsteigen. Alles, was ihm blieb, war, seinen Status durch Geldverdienen, so viel wie eben möglich, anzuheben. Er war fleißig, er buckelte, aber dabei blieben die menschlichen Werte auf der Strecke. So wurde mein Vater ein Einzelkämpfer, der sich keine Fehler erlauben oder gar eingestehen konnte. Ein Mann, der keine Schwächen haben wollte, aber dadurch natürlich umso schwächer wirkte und erst recht Fehler machte. Die gestand er sich aber nicht ein, sondern trat nach unten und ließ noch Schwächere darunter leiden.

Im Zweifel war das immer die Familie. Wir, Bettina und ich, die Kinder, die natürlich zu ihrem Vater aufschauten, zu ihm aufschauen wollten, suchten das Vorbild und hofften, es zu finden. Vergeblich, wie ich heute weiß. Am meisten aber litt meine Mutter Christine. Sie kommt vom Land, von einem Bauernhof in der Nähe von Münster und war ein uneheliches Kind. Man kann sich nicht vorstellen, was das 1947 noch bedeutete. Von Anfang an war sie der Bastard, das ungewollte Kind der Sünde, und so wuchs sie auch auf. Liebe und Zuneigung bekam sie nur von ihrer Urgroßmutter. Klar, dass sie es bei dieser Sozialisation schwer hatte, uns Kindern die Vorstellung von einer heilen Welt zu vermitteln.

Mir erschien sie in unserer Kindheit wie eine einsame Kämpferin. Irgendwie unnahbar. Man konnte sie schwer durchschauen, kaum ahnen, was sie gerade dachte oder empfand. Da ich ja auch noch nicht wusste, was sie selbst durchgemacht hatte und auch immer wieder aufs Neue durchmachte, verstörte mich ihre Kälte und ihre Zurückweisung. Die zudem immer mit Herzlichkeit abwechselte, was mich noch mehr verstörte.

Sie war meinem Vater fast schon hörig, wagte es nicht, zu widersprechen. An ein Ereignis erinnere ich mich komischerweise noch heute sehr plastisch. Es muss passiert sein, als ich etwa vier Jahre alt war. Jedenfalls war ich noch im Kindergarten, meine Schwester schon in der Schule. Jeden Morgen brachte uns meine Mutter mit dem Fahrrad dorthin. Und holte mich auch wieder ab. Ich stand täglich am Tor und wartete, bis sie um die Ecke bog. Eines Tages kam sie nicht. Ich stand da und wartete, die anderen Kinder wurden abgeholt, bis ich schließlich alleine als Letzter noch da war. Die Kindergärtnerin wurde immer ungemütlicher. Sie musste warten, nur allein wegen mir verzögerte sich ihr Feierabend. Und als ich da stand, da kam es zum ersten Mal. Das schlechte Gefühl in Bezug auf meine Eltern. Das Gefühl, selbst verantwortlich zu sein für ihr Fehlverhalten, das schlechte Gewissen. Immer wieder wurde ich von der Kindergärtnerin gefragt, wo denn meine Mutter blieb, was ich als vierjähriger Knirps natürlich nicht beantworten konnte. Nach fast einer Stunde kam sie dann angeradelt und tat, als ob nichts sei. Aber ich merkte nicht nur in dieser Situation deutlich, dass etwas mit unserer Familie nicht stimmte. Schon damals hatte ich das dumpfe Gefühl, ich sei nach der Geburt im Krankenhaus vertauscht worden. Diese Menschen da konnten nichts mit mir zu tun haben.

So blieb mir und meiner Schwester nur das Zusammenhalten, um nicht unterzugehen. Und wir hielten zusammen. Bis in die Pubertät war sie es als die Ältere, die mich gegen Grobheiten und Lästereien anderer Kinder, aber auch gegen meinen Vater verteidigte. Oder sie nahm mich auch mal in den Arm, und dann saßen wir da in der Dunkelheit und schwiegen. Als ich 13 oder 14 war, übernahm ich mehr und mehr den Part der Konfrontation. Erst jetzt habe ich gespürt, wie verzweifelt sie oft auch in den immerwährenden Auseinandersetzungen mit unserem Vater war. Und jetzt konnte ich ihr etwas zurückgeben und sie vor meinem Vater in Schutz nehmen.

DOPPELHAUSHÄLFTE

Als meine Schwester eingeschult wurde, begann eine ruhigere Zeit in unserem Leben. Denn nun war es mit den Umzügen erst mal vorbei. Mein Vater kaufte eine Doppelhaushälfte an der Bergerstraße in Dinslaken und dort lebten wir satte neun Jahre. Der Hauskauf war sicherlich eine der wenigen positiven Taten meines Vaters.

Um es bezahlen zu können, rackerte er unglaublich viel. Bis 2 Uhr nachmittags buckelte er bei Thyssen, dann kam er nach Hause, legte sich drei Stunden hin, um dann ab 17 Uhr bis weit nach Mitternacht Taxi zu fahren. Und dennoch blieben wir stets eine Assi-Familie. Was sich nicht nur darin äußerte, dass mein Vater gern im Unterhemd im Wohnzimmer hockte, rechts die Flasche Bier und links die »Stuyvesant« im Dauerbetrieb. Dazu kaufte er sich ständig Autos und anderen Schnickschnack, der einzig dazu dienen sollte, ihn als mehr scheinen zu lassen, als er war. Er war ein Prahlhans und Blender, definitiv. Da blieb für die Kinder wenig. Die Klamotten bekamen wir oft von Verwandten, die regelrechte Carepakete schnüren mussten. Oft passte mir das Zeug nicht richtig. Die Ärmel waren zu kurz und die Pullover reichten nie über den Hosenbund. Alles sah aus wie zu oft und zu heiß gewaschen. Die Haare wurden tatsächlich nach dem Topfschnittsystem gekürzt: Meine Mutter stülpte mir einen Topf auf und alle Haare, die noch rausstanden, wurden mit einer Papierschere abgeschnitten. Ich sah aus wie ein Idiot. Neues Spielzeug oder mal ein Zoobesuch war die absolute Ausnahme. Und weil mein Vater mit Schuften und Prahlen wirklich reichlich ausgelastet war, war er so gut wie nie da. Erziehung oder auch väterlicher Beistand und Liebe fanden nicht statt.

Immerhin war diese Doppelhaushälfte an der Bergerstraße mein erstes Zuhause, das diese Bezeichnung auch verdient hatte. Ich war fünf Jahre alt und hatte mein eigenes Zimmer.

Der seltsame Tagesablauf meines Vaters hatte auch zur Folge, dass wir nachmittags nie im Haus spielen konnten. Er musste ja schlafen. Also schickte uns meine Mutter immer raus, egal ob die Sonne brannte oder es in Strömen regnete. Außerdem durften wir nie jemanden mitbringen, zum Essen oder so, wobei wir ja ohnehin nie gemeinsam gegessen haben. Mein soziales Leben war eine einzige Katastrophe.

Wenigstens konnte ich als niedergelassener Ex-Nomade jetzt ein paar Freundschaften schließen. Die engste Bindung entstand mit Florian, der mit seinen Eltern 50 Meter entfernt in einem Einfamilienhaus wohnte. Wir waren schnell unzertrennlich, machten ständig irgendeinen Quatsch und sahen uns jeden Nachmittag. Und es ergab sich relativ schnell, dass ich – in Ermangelung einer eigenen funktionierenden Familie – nun auch familiär bei Florian andockte. Ich war immer dort, hatte dort quasi meinen Zweitwohnsitz, blieb manchmal auch zum Essen und erlebte erstmals, was Familie auch bedeuten kann. Florians Eltern waren das absolute Gegenteil zu dem, was ich kannte: Seriös und fürsorglich, man saß gemeinsam am Esstisch und erzählte sich, was am Tag so passiert war, was einen so bewegte. Von dem höheren Niveau des Umgangs und der Unterhaltung ganz zu schweigen. Für mich eine völlig außergewöhnliche Erfahrung.

Meine Schwester belastete es in dieser Zeit noch mehr, dass sie nie eine Freundin mit nach Hause bringen durfte. Für mich war das alles so gewohnt, dass ich mir meistens keine großen Gedanken machte. Ein Erlebnis allerdings illustrierte mir damals sehr nachhaltig, welchen Stellenwert unsere Familie und damit auch ich in der Nachbarschaft hatte. An meinem siebten Geburtstag bekam ich die Erlaubnis, endlich auch mal feiern zu dürfen. Ich lud also meine Freude ein und fragte eines Tages auch Stefan. Er druckste erst ein wenig herum, aber Kinder sind nicht besonders gut in Sachen Ausrede und so kam er recht schnell zur Wahrheit. Er dürfe nicht zu meiner Geburtstagsfeier kommen, weil ihm seine Eltern jeglichen Umgang mit mir verboten hatten. Das saß. Eigentlich hätte er gar nicht mit mir reden dürfen. Einen Grund konnte er mir nicht nennen, und was ich mir zusammenreimte, war leider traurig. Der Grund war eben: Wir waren die Assis des Viertels. Und die anderen Eltern hatten wohl Angst, das könnte abfärben.

GRUNDSCHULE – DICK IN DINSLAKEN

Ich war also schon in der Schule, als das passierte. 1978 wurde ich in der GGS Dorfschule Hiesfeld, einem einstöckigen und recht hübschen Bau aus roten Ziegeln, eingeschult, was ich großartig fand, hatte ich doch drei Jahre lang bei meiner Schwester beobachten können, wie anders man wahrgenommen wird, wenn man in der Schule ist. Ich freute mich richtig, weil ich mich ein wenig erwachsen fühlen durfte. Und ich freute mich darauf, gute Noten nach Hause zu bringen, in der steten Hoffnung, wenigstens damit ein wenig Anerkennung von meinem Vater zu bekommen.

Meine Mutter war riesig stolz und ich hab mich grinsend an die wendlerhohe Schultüte geklammert. Auch mein bester Freund war in meiner Klasse. Zum Glück, denn alle anderen Mitschüler sorgten bei mir nur für Komplexe. Es waren die Kinder von Lehrern, Architekten oder Ärzten, mit Klamotten von Benetton und Lacoste, Füllern von Geha oder Pelikan und Schulranzen und Turnbeuteln, die auch nicht die Günstigsten im Sortiment waren und schon gar nicht vom Discounter. Dagegen ich: Mein Schulranzen hatte schon einige erste Schultage mitgemacht, war von einem meiner Cousins abgelegt worden und die Ausstattung auch eher preiswert als toll. So blieb mir nur mein Freund Florian.

An den Nachmittagen hatte ich endlich was von meinem Vater. Allerdings auch nur deshalb, weil er in jener Zeit unsere Doppelhaushälfte renovierte. Als Natural-Born-Heimwerker bohrte er Löcher, schliff die Dielen ab und schraubte Möbel zusammen. Das war zwar nicht das, was man sich als Kind von seinem Vater wünscht, aber mehr, als ich je zuvor von ihm hatte. Also erledigten wir gemeinsam die Männerarbeit. Aber nicht lange – denn schon bald nervte ihn der kleine Wendler mal wieder.

Im November 1978, also kurz nachdem ich eingeschult worden war, wurden meine Schwester und ich auf Kur geschickt. Mein Vater hatte erfahren, dass Thyssen ein Programm hatte, das Großstadtkindern aus Problemhaushalten eine Kur ermöglichte. Na ja, ein Problemhaushalt waren wir wohl tatsächlich. Da meine Schwester zu dünn war und ich ein richtig dickes Kind war, wurde die Kur auch anstandslos genehmigt. Ich glaube, wir wurden kränker gemacht, als wir waren.

Nicht dass mich das Dicksein damals gestört hätte. Ich habe mich selber nie als hässlich empfunden, und auch wenn ich mich nicht vor den Spiegel stellte und sagte: »Geile Sau«, wie ich es heute manchmal tue – so fand ich mich immer irgendwie gut aussehend. Weh tat es nur dann, wenn andere das anders wahrnahmen. So war ich beim Sport, wenn die Teams gewählt wurden, immer der Letzte, der übrig war und dann als bewegliches Handicap in die gute Mannschaft gedrückt wurde. Im Pausenhof hat mich ein Mädchen mal »dicke Sau« genannt. Der Lehrer sorgte dann zwar dafür, dass sie sich bei mir entschuldigen musste, aber was zählt schon eine erzwungene Entschuldigung? Hatte sie recht? War ich nichts weiter als ein dicke, unbeliebte Sau? Als ich zu Hause war, drückte ich mir sofort eine ganze Tafel Schokolade rein. Der tragische Teufelskreis, in dem sich alle dicken Kinder befinden.

So hatte mein Vater auch keine Probleme damit, den Amtsarzt von der Notwendigkeit der Kur zu überzeugen. Er erzählte dem Herrn Doktor, dass ich ein reichlich eingeschüchterter Junge war, der sich aus Frust ständig vollfraß. Was ja irgendwie auch stimmte, aber es hätte wohl weit mehr gebracht, an die Ursachen zu gehen und nicht eine mehrwöchige Diät zu verordnen. Und das auch noch mitten im Schuljahr. Als ob das nicht ohnehin jeder ahnte.

Und so fuhren Bettina und ich eines grauen Novembertages nach St. Peter-Ording an die Nordsee. Ich hatte schreckliche Angst. Was war das für ein Ort? Warum lassen uns unsere Eltern alleine? Und holen sie uns überhaupt wieder ab? Für Kinder eine grausige Vorstellung. Immerhin hatte ich meine Schwester, die mir auf der Fahrt ins Ohr flüsterte: »Keine Angst, wir haben immer noch uns und ich werde schon auf dich aufpassen.«

Die Tage in St. Peter-Ording vergingen dann allerdings recht schnell und waren insgesamt doch recht schön. Bettina und ich machten allerlei Unsinn. Betrachtete man andere Kinder dort – dicke Jungs, viel fetter als ich, Bettnässer oder Mädchen mit schlimmer Neurodermitis –, so kamen mir meine Sorgen plötzlich viel kleiner vor.

Dennoch endete auch diese Zeit mit einem herben Rückschlag für die kleine Wendler-Seele.

Anfang Dezember sprachen unsere Betreuer immer geheimnisvoll davon, dass bald der Nikolaus kommen würde und für mich als Sechsjährigen war das ein Riesenereignis. Der Nikolaus! Was würde er mir wohl mitbringen? Ich war in den Tagen vorher extrem brav. Die Streiche hatten meine Schwester und ich komplett eingestellt, ich wollte ja nichts riskieren. Der Nikolaus sieht schließlich alles. Am Abend des 6. Dezember waren dann alle 80 Kinder in der großen Aula des Erholungsheimes versammelt. Alle im Kreis und alle fiebrig vor Erwartung.

Dann endlich kam er. Der Nikolaus. Die Stille war fast schon unheimlich. 80 Kinder und keiner wagte zu sprechen oder zu atmen. Der Nikolaus, im roten Mantel und mit weißem Bart, ermahnte uns alle zum künftigen Bravsein. Dann wurde das erste Kind namentlich aufgerufen, bekam sein Geschenk überreicht und auch noch ein paar persönliche Worte vorgelesen. Ich platzte vor Spannung. Immer wenn ein Kind rotwangig und glücklich mit seinem Geschenk in den Händen zu seinem Platz zurückging, war ich sicher: »Ich bin der Nächste.« Doch die Minuten vergingen, die Kinder gingen nach vorne und kamen wieder zurück, nur Bettina und ich wurden nicht aufgerufen. Selbst als nur noch drei Kinder ohne Geschenk waren, war ich immer noch überzeugt, dass das letzte Geschenk für meine Schwester sein musste, sie war doch immer lieb zu mir und zu allen anderen. Doch das letzte Geschenk bekam aber wieder nicht Bettina. Und schon gar nicht ich.

Ich war am Ende, völlig leer, verstand gar nichts mehr. War ich das einzige Kind, das nicht brav genug gewesen war, keines Geschenkes würdig? Der Raum drehte sich, nur noch wie durch einen Nebel hörte ich schwach die Stimmen um mich herum. Wenigstens blieb mir so das Gekicher der anderen Kinder erspart, das losging, als alle mitbekommen hatten, dass Bettina und ich blass und ohne Geschenke am Boden hockten. »Warum mag uns der Nikolaus nicht? Waren wir so böse?«, fragte ich Bettina, und die Tränen kullerten herab. »Nicht der Nikolaus hat uns vergessen, unsere Eltern haben uns vergessen«, sagte Bettina mit ruhiger, aber tränenerstickter Stimme. Und sie sah mich lange an.

Nicht nur erfuhr ich also an diesem Abend, dass es keinen Nikolaus gibt. Viel bitterer war, zu erfahren, dass wir unseren Eltern so völlig egal waren.

SCHULTAGE

Das eine Problem in meiner Schulzeit waren die durch und durch hochklassigen Mitschüler, mit denen ich sowohl was Herkunft und Bildung betraf als auch mit meinem Outfit nicht mithalten konnte. Das nagte. Das andere Problem war, dass mein Vater meine Leistungen ignorierte. Ich hatte gehofft, dass er durch meine guten Noten auch mich anerkennen würde. Obwohl es natürlich keine Hausaufgabenbetreuung von meinen Eltern gab, schaffte ich anfangs ganz ordentliche Zensuren. Die Schule machte mir auch richtig Spaß. Ab der dritten Klasse habe ich allerdings mehr und mehr den Glauben verloren. Als Achtjähriger denkt man nicht an weiterführende Schulen, ans Abitur, an Karriere und so weiter. Nein, da ist man gut in der Schule, weil man entweder richtig schlau ist oder weil man lernt, um den Eltern zu imponieren und Anerkennung von ihnen zu bekommen. Ich schmierte aber richtig ab in dieser Zeit, weil beides nicht funktionierte.

Eigentlich war ich beispielsweise richtig gut in Mathe. Mir machte das Herumrechnen und Knobeln richtig Spaß. Eines Tages hatte meine Schwester eine Mathe-Klausur so richtig versemmelt und kam ziemlich zerknittert nach Hause. Mein Vater rastete natürlich aus, Bettina heulte und meine Mutter wusste auch nicht so recht, was sie tun sollte. Da nahm ich mir ein Herz, wollte Bettina helfen und meinem Vater imponieren und bot ihm an, etwas vorzurechnen. »Ich bin gut in Mathe, ich kann das«, sagte ich mit fester Stimme. Die Reaktion war niederschmetternd. Mein Erzeuger schaute mich kurz und verächtlich an und raunzte: »Du bist doch genauso doof wie deine Schwester.« Damit war auch bei mir das Fenster zu und in der Schule verlor ich mehr und mehr den Anschluss.

Wenn ich heute meine Tochter betrachte, da sehe ich noch schmerzvoller, was damals bei mir alles falsch gemacht wurde. Die Kinder versuchen doch ständig, ihre Eltern stolz zu machen. Und als Vater sollte man das tunlichst unterstützen und loben und lächeln, wo es geht. Lieber einmal zu viel als einmal zu wenig.

Ich fing also an, schon als Achtjähriger die Hausaufgaben schlampig zu erledigen, und begann die Schule mehr und mehr zu hassen. Das Ergebnis: Stubenarrest, Ohrfeigen oder mir wurde der Hintern versohlt. Dass bei solcherlei Motivation es nur noch schlechter werden konnte, kann man sich vorstellen. Ich zog mich immer weiter zurück, heulte immer öfter allein in meinem Zimmer, schwor mir aber schon damals: »Euch werd ich es zeigen. Wenn ich groß bin, mach ich es anders, so dumm wie ihr bin ich nicht.«

Die Resignation führte dazu, dass ich auch in der Schule immer stiller wurde. Teilnahmslos saß ich da, meldete mich nicht mehr. Auch, weil mir noch mehr bewusst war, wie dick ich war und welch unmöglichen Haarschnitt ich trug. Und hätte ich den Arm gehoben, hätte ja jeder gesehen, dass mir der Pullover zu kurz war.

Meine Schwester half mir in der Zeit, so gut sie konnte. Sie war es auch, die mich in den Arm nahm und tröstete, als mir mein Klassenlehrer eines Tages im Sommer das mitteilte, was auf der Hand lag: Dass ich nicht aufs Gymnasium gehen dürfe, weil meine schulischen Leistung nicht ausreichten. Für mich brach eine Welt zusammen.

KAPITEL 3

ÄNDERUNGEN

In dieser Zeit erlebte ich noch eine weitere Enttäuschung. Nachdem ich als einer von zwei aus unserer Grundschulklasse nur auf der Realschule gelandet war (alle anderen schafften es auf das Gymnasium), entfernte sich mein bester Freund Florian immer mehr von mir. Das ist sicher nichts Ungewöhnliches, dass Freundschaften enden, gerade, wenn man älter wird, in eine andere Klasse kommt oder gar auf eine ganz andere Schule wechselt, wie es bei uns der Fall war. Aber die Art und Weise, wie sich Florian verhielt, plus einem Nachspiel vor drei Jahren, gab mir schon zu denken.

Aber der Reihe nach. Es zog sich ein gutes Jahr hin, in dem wir uns immer seltener sahen. Aus täglich wurde zwei-, dreimal die Woche und dann sogar noch weniger. Aus meinem Zweitwohnsitz wurde ein Ort, an dem ich mich immer weniger willkommen fühlte. Umso angesagter schienen dagegen Florians neue Freunde vom Gymnasium zu sein.

An diesem bewussten Nachmittag, es war im September 1984 und ich war zwölf Jahre alt, ging ich also mal wieder zu Florian. Ich dachte nichts Böses, hatte das Verblassen unserer Freundschaft wohl registriert, aber so richtig war es noch nicht bis in mein Herz vorgedrungen. Er öffnete die Tür, wirkte aber abweisend und mürrisch und wimmelte mich ab, weil er angeblich noch Hausaufgaben machen musste. Für mich war das eine Zurückweisung zu viel und mir wurde klar, dass ich nichts mehr mir ihm zu tun haben wollte. Ich war aufgewühlt und stromerte durchs Viertel, grübelte und heulte und kam eine Stunde später eher zufällig noch einmal an Florians Haus vorbei. Weil ich aus einem unguten Bauchgefühl heraus plötzlich wissen wollte, ob er tatsächlich Hausaufgaben machte, kletterte ich in den Garten und riskierte einen Blick ins Fenster seines Zimmers im Souterrain. Er saß zwar an seinem Schreibtisch, aber nicht über Büchern, sondern an seinem Atari-Computer, damals ein richtiges Angeberteil. Das Schlimmste aber war: Er saß da nicht allein, sondern neben ihm fläzte sich sein toller neuer Freund aus dem Gymnasium. Und die beiden daddelten und lachten. Es wirkte wie ein höhnisches Lachen auf mich, der draußen im Regen stand. Auch wenn sie mich natürlich gar nicht bemerkt hatten. Sein neuer Freund war aus seiner Klasse, ich wurde einfach ausgemustert.

Das mag als Intro etwas langatmig erscheinen, wie gesagt, Freunde kommen und gehen und so schlimm das damals für mich war, es ist sicherlich eine Nebensächlichkeit. Ich hätte diese hier auch nicht so lang und breit erzählt, hätte sich nicht an diesem verregneten Tag in Dinslaken auch mein Leben verändert.

Es muss irgendwann in dieser Zeit gewesen sein, so zwischen Kindheit und Jugend. Ich war neun oder zwölf Jahre alt, da kann ich mich heute wirklich nicht mehr festlegen. Ich ging eines Tages in Dinslaken die Bergerstraße hinauf und oben angekommen, als gerade keiner zu sehen war, streckte ich die Faust gen Himmel. Sehr feierlich, ja geradezu martialisch muss das ausgesehen haben. »Irgendwann werde ich es euch allen beweisen, ich werde ein schönes Haus haben und eine liebe Familie. Und ich werde reich sein und schlank.« Das mag sich albern anhören, wenn man das hier so nacherzählt, aber für mich als Kind hatte das etwas enorm Beglückendes. Und es hat mich herausgerissen aus meiner Lethargie.

KARATE KID

Denn nachdem mir klar geworden war, dass die Freundschaft zu Florian endgültig vorbei sein würde, streunte ich weiter wie paralysiert durch die Gegend. Ich fühlte mich verlassen, es regnete natürlich und ich tat mir furchtbar leid – fett, allein und hässlich, wie ich war. Keine Ahnung, wo ich überall herumlief, einmal quer durch Dinslaken und zurück. Die Menschen, die Lichter, die Autos, den Regen, all das nahm ich nur ganz entfernt wahr.

War es Zufall? Oder Schicksal? Ich weiß es nicht. Aber irgendwann kam mein Bewusstsein zurück und ich stand vor einem Kino. Weil ich triefnass war und nicht nach Hause gehen wollte, ging ich ohne weiteres Zögern hinein. Mir wäre jeder Film recht gewesen, ich wollte nur ins Trockene, meine Gedanken sortieren und dabei allein sein. So landete ich in der nachmittäglichen Vorstellung von *Karate Kid*, einem Film, der 1984 für Furore sorgte. Und obendrein eine Geschichte, die wie gemacht für mich war: Der Teenager Daniel LaRusso zieht mit seiner Mutter von New Jersey nach Kalifornien. Als »der Neue« hat es Daniel nicht leicht. Er hat keine Freunde, wird von den anderen getriezt und ausgegrenzt und erst, als er den alten Karate-Meister Kesuke Miyagi kennenlernt, ändert sich sein Leben. Am Ende, klar, es ist ja bestes Hollywood, kann er alle Schwierigkeiten überwinden und behauptet sich über seine Gegner.

Was mich so fesselte, war die Art und Weise, wie sich Daniel aus eigener Kraft und trotz körperlicher Unterlegenheit im wahrsten Wortsinne nach oben kämpfte. Nach diesen 126 Minuten Hollywood war ich infiziert. Ich begriff, dass auch ich etwas ändern kann. Dass ich, und nur ich allein, verantwortlich war für mein Glück. Ich begriff, dass es immer besser ist, seine Probleme anzupacken, als im Selbstmitleid zu baden und darin unterzugehen.

Auf dem Rückweg nach Hause kam ich altes Moppelchen mir schon wesentlich leichter vor. Es hatte aufgehört zu regnen und die Sonne brach sogar noch einmal durch an diesem Spätnachmittag. Sie tauchte alles in warmes, fast mystisches Licht. In der Ferne zeichneten sich die Silhouetten des Ruhrpotts ab, Bottrop, Duisburg, Oberhausen. Das verlieh der ganzen Stimmung zusätzliche Kraft. In diesem Moment, in dieser Stimmung beschloss der Wendler, sein Leben zu ändern.

Ich tänzelte in Richtung Zuhause und übte dabei Handkantenschläge und Kicks, als ein weiterer entscheidender Zufall in mein Leben trat. Ich kam nämlich – wirklich zufällig – an der Sportschule Bushido Dinslaken e. V. vorbei, der einzigen Karateschule in meiner Heimatstadt. Ich stand minutenlang davor und schaute durch die Scheiben, wo gerade eine Trainingsstunde stattfand. Da es schon dämmerte, leuchtete das fahle Licht der Neonröhren nach draußen und die in strahlendem Weiß gekleideten Karateka übten die Bewegungen ein, die ich gerade noch so bewundert hatte. Sie sahen so unglaublich elegant und dabei auch so energisch aus. Da beschloss ich mich am nächsten Tag anzumelden.

Am Abend erzählte ich meiner Schwester, und natürlich nur ihr, von meinem Plan. Mein Vater hätte sich doch nur wieder lustig gemacht und meine Mutter hätte versucht, es mir auszureden. Bettina aber freute sich sichtlich und bemerkte an meinem Enthusiasmus, dass dies etwas enorm Wichtiges werden könnte, und bot sogar an, mich zur Anmeldung zu begleiten.

Das aber nahm ich dann am nächsten Tag doch lieber allein in Angriff. Ich radelte auf meinem Bonanzarad die paar hundert Meter hinunter ins Gewerbegebiet Mitte, wo das schmucklose, aber für mich so magische Gebäude der Karateschule war. Es war ohne weitere Problem möglich, sich auch ohne Erziehungsberechtigten anzumelden. Die 20 Mark Monatsbeitrag würde ich von meinem Taschengeld bezahlen können. Ich bekam auch gleich einen strahlend weißen Karateanzug überreicht. Noch am selben Abend trainierte ich zum ersten Mal. Ich lernte die erste der 20 Regeln von Gishin Funakoshi, die schon beinhaltet, was mir bislang so sehr in meinem Leben fehlte: »Karate beginnt mit Respekt und endet mit Respekt.«

Mein neues Leben hatte begonnen.

MEIN NEUES LEBEN

Ich trainierte fortan zweimal die Woche, jeweils zwei Stunden. Meine Kollegen waren recht nett, keiner mokierte sich über meine sichtbaren Fettpolster. Auch der Trainer versuchte von Anfang an, das Positive an mir herauszustellen. Über meine dicken Oberschenkel sagte er beispielsweise:»Die sind sehr kräftig, damit kannst du jedem Gegner zusetzen.« So habe ich zum ersten Mal erfahren, dass auch ich mit meinem Körper etwas anfangen kann. Auch duldete dieser Trainer keine Ausreden – entweder solle ich den Sport zu 100 Prozent betreiben oder gar nicht. Von meinem Vater hatte ich bislang eher gelehrt bekommen, wie man sich möglichst elegant und aalglatt aus einer Situation herauswindet. Hier musste ich mich stellen.

In einer meiner ersten Trainingstunden fragte mich der Trainer ernsthaft, wie weit ich im Spagat kommen würde. Ich zeigte es ihm. Er sagte nur: »Das ist schade, mein Junge.« – »Warum?«, wollte ich wissen, kein Mensch braucht schließlich einen Spagat.

»Traurig ist nicht, dass du keinen Spagat hinkriegst, traurig ist, dass du dich hinter deiner Dicklichkeit verstecken willst.«

Erst war ich natürlich beleidigt, und zu Hause musste dann umgehend wieder eine Tafel Vollmilch-Nuss dran glauben. Als ich dann aber nachts wach lag und grübelte, wurde mir klar, was der Trainer wollte. Scheißegal, ob ich den Spagat kann oder nicht, ich hatte sofort wieder nach Ausreden gesucht. Und genau das sollte es in meinem neuen Leben ja nicht mehr geben. Ich verstand, dass es mit dem Anmelden an der Schule und dem Besuch des Trainings allein nicht getan war. Ich wusste etwas investieren. Ich musste lernen, mich zu quälen.

Und das tat ich dann auch. Ich trainierte, so oft es ging, war so besessen vom Gedanken an eine Veränderung, angefeuert davon, dass ich bald dem Gefängnis meines Körpers und meines Lebens entkommen würde. Mein Körper veränderte sich in dieser Zeit geradezu rasend schnell.

Und so war es ein toller Nebeneffekt des Karatetrainings, dass ich ehrlich zu mir selbst wurde. Ich ließ all die Dicker-Junge-Ausreden nicht mehr zu. So was wie: »Wozu brauche ich das denn?«, oder: »Das schaffe ich niemals!«, wurde aus dem Wortschatz gestrichen. Ich versteckte mich nicht mehr hinter dem Ärger zu Hause und dem ständigen Frustessen. Ich hatte eine Grenze überschritten, indem ich als Pummelchen einen Spagat schaffte, also gab es viele Grenzen gar nicht, die ich mir immer eingebildet hatte. Auch, um mich dahinter zu verstecken. Ich hoffte, dass das mit dem Abnehmen genauso machbar war wie der Spagat.

Auch, wenn es noch knapp zwei Jahre dauern sollte: Ich schaffte es.

RAMPENSAU

Mit den Pfunden, die gingen, kamen die Mädels. Ich war ja mittlerweile im passenden Alter und nachdem mir vorher die Mädels, die ich toll fand, bestenfalls »dicke Sau« hinterherriefen, war ich plötzlich der Hingucker. Denn ich war schon immer auf die Spitzenklasse scharf, die A-Liga, ich wollte die Hübscheste und Intelligenteste zur Freundin haben. Als Dickerchen hatte ich da keine Chance, aber nun ...

So entwickelte sich eine Eigendynamik. Ich suchte mir tolle Klamotten aus und ging zum Friseur. Auf einmal war ich der Womanizer der Schule, mit blonden Strähnchen im Haar. Ich habe es gar nicht richtig mitgekriegt, wie mich alle plötzlich anhimmelten, da kam ich mir noch reichlich veräppelt vor. Ich hab das gar nicht wahrgenommen, dass ich jetzt die attraktive Sau der Schule war und das auch reichlich hätte ausnutzen können. Da gab's wilde Geschichten und nicht nur einmal hat mich ein Kollege angesprochen und gesagt, dass sich Steffi, Silke oder Anja wegen mir die Augen ausheulten, weil ich sie abgewiesen hätte. Nur hatte ich gar nix davon mitgekriegt, dass ich sie abgewiesen habe.

Mit 14 war der Wendler also vom hässlichen Entlein zum geilsten Typen der Realschule aufgestiegen. Die Mädels fuhren auf mich ab, die Jungs fanden mich cool. Ich konnte Karate – schaffte es immerhin zum grünen Gürtel – und fühlte mich wie mein Idol von der Leinwand, das zwei Jahre vorher diese unglaubliche Kehrtwendung in Gang gesetzt hatte. Das waren die am besten angelegten sieben Mark fuffzig meines Lebens, damals diese Kinokarte zu kaufen. Aber für mich ging das alles zu schnell, innerlich war ich bei dieser Drehung um 180 Grad gerade mal bei 90 angekommen.

Der Wendler war schlank, trainiert, hatte Strähnchen im Haar und die geilste Lederjacke im Ruhrgebiet. Die Mädels flogen auf ihn. Aber er bekam nichts davon mit.

VATERSTOLZ

Bei meinem Vater hatte sich dagegen gar nichts geändert. Er nahm mich nach meiner Verwandlung als weiteres Schmuckstück in seine Angebersammlung auf. An meinem allerersten »schlanken« Weihnachtsfest tönte er vor der versammelten Familie im üblichen Ton: »Endlich schlagen meine guten Gene durch«, oder: »Was war das für ein harter Weg, bis ich den Michael dazu bewegen konnte, endlich mal Sport zu treiben.«

Eine besonders einschneidende Veränderung erfuhr ich an diesem Weihnachtsabend 1986. Wir würden mal wieder umziehen. Mein Vater befand in bekannter Großspurigkeit, dass es seine Familie fortan nicht mehr nötig habe, »sich ein Haus mit wildfremden Leuten zu teilen«, was angesichts unseres nicht vorhandenen Nachbarschaftsverhältnisses zu den Leuen auf der andere Seite des Doppelhauses der reinste Blödsinn war. Nein, er wolle seiner Familie geben, was ihr zustünde. Liebe konnte es nicht sein, also musste ein Einfamilienhaus her. Weit brachten wir es nicht, nur etwa 500 Meter entfernt sollte das neue Haus stehen.

MÄDCHEN

Zwei Jahre später, 1988, war ich 16 und meine Zeit war gekommen. Meinem Gefühl nach war ich ein Rockstar. Ich fühlte mich wohl in meinem Körper und ständig hingen zwei, drei Mädels an meiner

Seite und flüsterten mir ein, wie toll ich sei. In der Schule hatte ich immer mehr Kabbeleien mit den Lehrern, weil ich mich nicht so gern unterordnen wollte. Ich wollte und will immer der Chef sein und sagen, wohin die Reise geht. Ich hatte schon immer das Gefühl, dass mich andere nur aufhalten.

Ich war aber damals auch nicht der Typ, der den Drang verspürt hätte, in Diskotheken zu gehen und abzufeiern. Sich mit den Kollegen zuschütten und Frauen aufreißen, das war nichts für mich. Ich war eher derjenige, der drauf aufgepasst hat, dass den anderen nichts passiert, dass sie auch nichts anstellen. Eigentlich wollte ich damals ja auch Polizist werden.

Diese Souveränität, gepaart mit meinem guten Aussehen, verschaffte mir reichlich Chancen bei den Mädels. Leider verstrickte ich mich auch immer wieder, weil ich selten Nein sagen konnte. Ich war schließlich erst vor Kurzem im Schlaraffenland der Attraktivität angekommen, noch zu neu und unerfahren, als dass ich schon hätte das Richtige tun können. Einmal hatte ich bestimmt zehn Affären parallel laufen. Das war logistisch eine Meisterleistung. Mitunter musste ich schon in die Nachbarstädte ausweichen, damit sich die Wege meiner Damen nicht ständig kreuzten. Nicht, dass ich stolz darauf wäre (na ja, vielleicht ein bisschen). Es kam vor, dass ich an einem Tag drei verschiedene Mädels befriedigt habe. Ich hab das dann über den Tag verteilt, die Erste in der großen Pause, die Zweite nach den Hausaufgaben und die Dritte schließlich abends beim oder nach dem Ausgehen.

FREIHEIT AUF RÄDERN

Obwohl wir wegen unserer jeweiligen Aktivitäten selten über den Weg liefen, stritt ich mich fast täglich mit meinem Vater. Anlässe fanden wir immer. Meine Mutter machte sich schon ein paar mehr Gedanken um mich, wenngleich sie ja nie ernsthafte Sorgen haben musste. Ich war ein anständiger Kerl. Zumindest wenn man von den wechselnden nächtlichen Besuchen absieht, die ich hatte. Dinslaken war auch zu beschaulich, als dass ich zum Ghettokid, zum Hip-Hopper oder Drogendealer hätte werden müssen.

Das Einzige, was meiner Mutter – wie jeder Mutter – Sorgen bereitete, war, dass ich seit ich auf die 16 zuging, mit feurigem Eifer den Mopedführerschein machte. Das war ein Muss, der Führerschein hatte den Geschmack der Freiheit und des Abenteuers. Erstaunlicherweise unterstützte mich ausgerechnet mein Vater bei diesem Plan. Es war das erste Mal, dass er etwas für mich tat, ohne selbst etwas davon zu haben. Er meinte, ich solle Verständnis haben für meine Mutter, die sich eben um ihren Sohn sorge, aber mich dennoch nicht von meinem Weg abbringen lassen. Das fand ich schon recht bemerkenswert.

Und es wurde noch besser.

Ich habe nie das geschenkt bekommen, was ich mir gewünscht habe. Weder zu Weihnachten noch zu den Geburtstagen. Ich wünschte mir zum Beispiel eine Eisenbahn, aber die habe ich nie bekommen. Ich habe allerdings etwas anderes bekommen, was mindestens genauso teuer war. Etwa eine Carrerabahn. Keine Ahnung warum, ob es Achtlosigkeit war oder Ignoranz. Ich musste aber davon ausgehen, dass man mir einfach nicht zuhörte und meine Wünsche egal waren.

Auch im Juni 1988, kurz vor meinem 16. Geburtstag, hatte ich also keine Erwartungen. Zwar war die Krisenlage zu Hause entspannt, mein Vater und ich stritten uns weniger oft als noch Wochen zuvor. Wir hatten Waffenstillstand. Ich traute meinem Vater aber nicht, vielleicht hatte er was ausgefressen.

Dieser 22. Juni 1988 begann mit einem sehr warmen Sommermorgen. Ich konnte ausschlafen, musste erst mittags zur Schule. Ich schlurfte also zu fortgeschrittener Morgenstund aus meinem Zimmer und Bettina gratulierte mir als Erste. Dann kam mir meine Mutter entgegen und schickte mich aus dem Haus. »Dein Vater will dir etwas zeigen«, rief sie mir feierlich nach.

Der stand draußen in der Garageneinfahrt und grinste. Dann drückte er auf den Knopf der Fernbedienung und das Tor rumpelte langsam hoch. So langsam ahnte ich, was da passierte, als das Sonnenlicht in die Garage perlte und das beleuchtete, was mein Lebensgefühl noch mal einige Meilen nach vorne bringen würde. Was ich sah, war der benzinfeuchte Jungstraum der Achtziger: Eine Yamaha DT Enduro, der heilige Gral. Mit 80 Kubik, sodass ich sie auch auf der Autobahn fahren durfte. Ein richtiges Crossmotorrad, nicht so ein albernes Moped oder ein Roller. Es war das tollste Geschenk, dass ich jemals in meinem Leben bekommen hatte.

Noch am gleichen Tag fuhr ich damit zur Schule. Meine Kollegen hatten alle das gleiche Ding, nur in anderen Farben. So fand ich schnell Anschluss zu dieser »Gang«, die aus zehn coolen Endurofahrern wie mir bestand.

Fortan war ich fast nur noch fahrend unterwegs. Lediglich aufs Klo ging ich zu Fuß. Die Maschine hatte Priorität. Selbst wenn ich mit einem Mädel im Kino verabredet war und einer der Jungs rief an und schlug vor, die Pferde zu satteln, dann war ich dabei. Hauptsache, frei und in Bewegung sein. Sorry, Mädels, aber es war wirklich nie absichtlich, eher fahrlässig und eure Standpauken habe ich mir zu Recht angehört. Wenn auch damals nicht verstanden. Ich musste einfach fahren!

Wir fühlten uns cool und erwachsen. Wie richtige Biker fuhren wir in Gruppen über den Asphalt von Dinslaken und trafen uns auch mal vor Garagen oder an Parkplätzen, um an den Maschinen herumzuschrauben. Es war die geilste Zeit meines Lebens. Abgesehen von heute natürlich.

KAPITEL 4

FÜRS LEBEN GELERNT

Nachdem ich 1988 den Realschulabschluss locker geschafft hatte, war es kein Frage, dass ich etwas Kaufmännisches lernen wollte. Dem stimmte ich dann auch zu, vor allem, weil mir keine Alternativen eingefallen wären. Die Lehrstellensituation war damals allerdings katastrophal, sodass ich keinen passenden Ausbildungsplatz finden konnte.

Ich beschloss, zwei Jahre an der Höheren Handelsschule dazwischenzuschieben, um keine Lücken im Lebenslauf zu produzieren. Wissend, dass diese Jahre mich kaum weiterbringen würden.

Das aber galt nur für die schulische Komponente. Menschlich habe ich einige Erfahrungen gemacht, die mich sehr wohl weiterbrachten.

DIE FREUNDIN

Ich war damals mit meiner Yamaha in den wichtigsten Spots des Potts unterwegs, machte beinahe täglich die Diskotheken der Gegend unsicher. Ich war auch mit einem Mädel zusammen. Sabine und ich hatten uns in einem Laden namens Blue Moon in Oberhausen kennengelernt. Wobei »kennengelernt«, eine leichte Untertreibung ist. Schließlich trieben wir es noch am selben Abend im Blue Moon in einer dunklen Ecke.

Sie wohnte in Gladbeck, etwa eine halbe Stunde Fahrzeit entfernt von Dinslaken. Ich hab sie sehr oft dort besucht. Sie war sehr nett und, was damals sicher nicht das Unwichtigste war, sie war extrem gut im Bett. Denn sie machte alles mit und bereitete dem pubertären Sexualabenteurer Wendler so einige Freuden, die er sich nicht auszumalen gewagt hatte. Besonders viel zu reden hatten wir zwar nicht, aber das störte anfangs wenig, beim Abtanzen in der Disco oder beim Vögeln in ihrer Zweizimmerwohnung – sie lebte schon allein – musste man sich nicht viel unterhalten. So schön das auch war, ich wusste, das ist nichts für länger.

Ich war schon nach etwa drei Monaten in der Phase, in der ich vehement darüber nachdachte, wie ich ihr das klarmachen könnte, dass das mit uns nichts Ernstes ist und auch nichts mehr wird, als es eines Sonntagnachmittags an ihrer Tür läutete. Ich lümmelte gerade auf dem Sofa herum und dachte an nichts Böses. Sabine öffnete die Tür und herein kam diese unheimlich heiße Freundin von Sabine und wollte ihr einen Pulli zurückbringen, den sie sich ausgeliehen hatte. Sie sagte, sie heiße Claudia, und ich schaffte es gerade noch, mich vorzustellen. Ich war sofort hin und weg.

Die Damen verschwanden kurz im Schlafzimmer und als sie wieder herauskamen, wollte Claudia auch schon wieder gehen. Mit den kontraproduktiven Worten: »Ich lasse euch zwei Turteltauben mal wieder allein.« Sie lächelte, drehte sich um und verschwand durch die Tür. Ich war sprachlos, man glaubt es kaum, und in meinem Kopf fuhren die Gedanken Achterbahn: »Ich muss sie kennenlernen, ich muss sie verführen, ich muss sie heiraten.«

Sie war schon fast im Treppenhaus, da brachte ich doch noch einen Satz zustande. »Ach, äääh, bleib doch noch ein wenig ... ich kenne so wenige von Sabines Freundinnen.« Was für ein Geschleime, ich kannte kein einziges dieser Hühner, und war auch sehr, sehr froh darüber. Claudia aber war mysteriös und interessant, sie hatte das gewisse Etwas. Und tatsächlich funktionierte mein platter Trick und sie setzte sich zu mir aufs Sofa und bereits nach zehn Minuten Unterhaltung war ich total verknallt. Denn bisher war ich immer der Chef, auch bei den Mädels. Das Unterhaltungsprogramm bestritt allein ich, ich redete, ich dachte und ich handelte. Bei Claudia war das ganz anders. Sie sprach, sie ließ sich von mir auch nicht unterbrechen und sie hatte nicht nur eine gewichtige eigene Meinung, sie vertrat sie auch vehement. Und sie widersprach mir ständig. So eine selbstbewusste und intelligente Frau hatte ich noch nicht kennengelernt, ich war begeistert.

Natürlich gefiel sie mir auch optisch. Sehr blond, sehr lange Haare, sehr süß – aber gleichzeitig frech und intelligent. Das ist des Wendlers Beuteschema. Sabine war Geschichte, was wirklich fies war, schließlich saßen wir in ihrem Wohnzimmer und sie auch im Sessel gegenüber. Aber was sollte ich machen?

So dauerte es nur weitere zehn Minuten und Sabine platzte der Kragen. Unsere Vertrautheit, unsere Zweisamkeit störte sie enorm und sie setzte ihre Freundin Claudia vor die Tür. Kaum war sie draußen, suchte auch ich einen Grund, warum ich plötzlich gehen müsste. Ich glaube, ich sagte, dass ich das Licht an meiner Enduro angelassen hätte oder dass ich noch was einstellen müsste. Davon verstehen Mädels ja nichts, was die Erfolgsaussichten so einer Ausrede steigert. Und so stürmte ich nach draußen. Nicht sehr diskret, aber erfolgreich, denn ich holte Claudia noch auf der Straße ein und meinte, dass ich sie ja noch auf dem Weg zu ihrem Auto begleiten könnte. Ich kam mir auch äußerst cool vor mit meiner Lederjacke und meinem Moped, was Claudia leider überhaupt nicht beeindruckte. Generell war es eine recht einseitige Angelegenheit: Ich fand sie super, konnte mit ihr reden, stellte mir schon die Familiengründung vor. Sie aber sah mich als dreisten Macho, was ja verständlich war. Schließlich war ich der Freund einer ihrer Freundinnen und bohrte jetzt vor deren Augen an ihr herum. Aber ich war wie benebelt. Noch Minuten, nachdem sie mit dem Auto davongefahren war, stand ich dämlich lächelnd auf dem Gehsteig und blickte dorthin, wo gerade ihr alter postgelber Mercedes /8 um die Ecke gebogen war.

Jetzt musste ich mir etwas einfallen lassen. Ich konnte ja schlecht Sabine nach der Telefonnummer oder auch nur nach dem Nachnamen meiner neuen Traumprinzessin fragen. So dreist war nicht mal der junge Wendler. Schon an dem ominösen Abend war Sabine ohnehin reichlich angefressen, zu offensichtlich war meine Begeisterung für ihre Freundin. Sie machte mir auch noch eine ordentliche Szene und fortan war »Claudia« ein extrem heikles Thema. Andere Freunde oder Bekannte konnte ich auch nicht fragen, die kannte ich ja nicht. Aber ich war total verknallt, mit allem, was dazugehörte. Ich konnte nur an sie denken, stellte mir bei entsprechenden Liedern im Radio vor, wie ich sie küsste.

So war es eher Zufall, dass ich Claudia ein paar Tage später wiedersah. Es war im Blue Moon, dieser zirkuszeltartigen Disco in Oberhausen. Dort hatte ich ja auch Sabine kennengelernt. Mit der war ich übrigens zu dem Zeitpunkt immer noch zusammen, ich hatte es wieder hingebogen.

Aber das war vergessen, als ich Claudia auf der Tanzfläche sah. Im milchigen Licht bewegte sie ihren unglaublichen Körper zur Musik. Wahnsinn. Ich tanzte zu ihr hin und sie erkannte mich auch gleich. Wir redeten, das heißt, wir brüllten uns ins Ohr und tanzten noch ein wenig. Nach den durchwachsenen Erfahrungen bei unserem ersten Treffen verzichtete ich diesmal auf die coole Tour, gab mich ganz unwendlerisch bescheiden und ernsthaft.

Das gefiel ihr offenbar schon besser und zum ersten Mal hatte ich das Gefühl, dass sie nicht nur aus Höflichkeit mit mir sprach, sondern weil es ihr Spaß machte. Aber wirkliches Interesse an mir schien sie nach wie vor nicht zu haben. Zum ersten Mal, seit ich schlank war, musste ich einer Frau hinterherlaufen und nicht umgekehrt. Ich hatte es bis dato immer leicht gehabt. Nicht so bei Claudia, sie hatte Klasse. Je mehr sie sich zierte, desto mehr drehte ich auf. Dieser Abend war die reine Arbeit, dennoch machte es mir natürlich auch Riesenspaß mit ihr. Schließlich wächst man auch beim Aufreißen an und mit seinen Aufgaben. Kurz bevor sie ging, hatte ich den magischen Zettel in der Hand. Den mit ihrer Telefonnummer.

Sie hatte mir zu verstehen gegeben, dass ihre Abneigung mir gegenüber auch damit zu tun hatte, dass ich der Freund ihrer besten Freundin war. Eine Frau mit Klasse lässt davon natürlich die Finger. Ist ja auch ein korrekter Standpunkt. Auch ich fühlte mich nicht richtig wohl, schließlich betrog ich Sabine ja auch irgendwie. Mit dem Körper war ich bei ihr, mit dem Herz ganz woanders.

Die Sache wurde mir langsam echt zu heiß. Früher hatte ich diese parallelen Geschichten einfach laufen lassen, aber Sabine und Claudia kannten sich einfach zu gut, als dass das hätte gut gehen können. Also musste ich handeln und machte noch in der gleichen Woche, in der ich den magischen Zettel bekam, mit Sabine Schluss. Der Weg war frei.

Dachte ich zumindest. Für Claudia hingegen war ich zwar nicht mehr der Freund ihrer Freundin, aber nun eben der abgelegte

Freund ihrer Freundin, obendrein das Arschloch, das sie tagelang heulen ließ. Was in ihren Augen auch nicht besser war. Ich rief bei ihr an, erwischte die Mutter. Die war nett, sagte mir, wo Claudia zu finden sei. Das Spielchen wiederholte sich. So war ich immer zufällig an den Orten, in der Disco, wo Claudia mit ihrer Freundin tanzte. Jedoch kam ich einfach nicht weiter. Sogar mein bester Freund Michi, der mich bei meiner »Stalking-Tour« als Alibi-Kumpel ständig begleitete, sagte, dass ich bei Claudia keine Chance hätte, tausend andere Frauen haben könnte und endlich aufhören müsse, ihr den Hof zu machen. So gab ich Claudia auf.

Gerade wollte ich mich auf meine Yamaha schwingen, um nach anderen Mädchen Ausschau zu halten. Ich bin ja der Wendler, da sollte es doch kein Problem geben, eine andere Frau fürs Leben zu finden. Ich hatte schon die Lederjacke übergeworfen und die Schuhe an und war auf dem Weg in die Garage – als das Telefon klingelte. Ich rannte zurück und meine Intuition hatte mich nicht getrogen. Mein Erzeuger zog ein Gesicht, weil ich seine Geschäftsleitung blockiert war. »Da ist eine Claudia dran«, sagte er pikiert. Wir sprachen lange und verabredeten uns in einer Eisdiele in Gladbeck.

AUTORITÄTEN

Je älter ich wurde, desto mehr wurden Autoritäten zu einem Problem für mich. Seit der Pubertät wusste ich einfach alles besser. Aber außer einem Eintrag ins Klassenbuch konnte mir ja nichts passieren, dazu war ich wiederum zu klug und zu smart, als dass ich was riskiert hätte.

Zum Verhängnis wurde mir dieser Charakterzug dann aber in der Ausbildung. Es war nicht leicht, eine Ausbildungsstelle zu finden. Ich wollte im kaufmännischen Bereich bleiben, denn ein Kaufmann lernt, mit Geld umzugehen, und das ist nie schlecht im Leben. Im Hinblick auf des Vaters Firma sollte es als Speditionskaufmann sein. Ich hatte gedacht, dass es für meinen Vater ein Leichtes sein würde, mir eine neue Stelle zu verschaffen: Schließlich hatte er sein Leben lang mit all seinen Kontakten geprahlt. Natürlich wurde es nichts und all das Geschwätz des alten Herrn erwies sich als sehr heiße Luft.

Aber einfach ohne Ausbildung auf des Vaters Spedition zu spekulieren, das wäre nicht mein Ding gewesen. Ich wollte eine anständige Ausbildung machen.

Ich war so paralysiert von meinem Erlebnis im Baumarkt, dass Claudia die Leitung übernahm. Sie schnappte sich die Gelben Seiten und fing an zu Telefonieren. Bereits bei »A« klappte es, eine Bottroper Spedition hatte auch im Oktober noch Ausbildungsplätze frei. Ich konnte mit meiner Ausbildung beginnen. Aber wieder dauerte es nur Tage, bis sich herausstellte, dass mein Chef ein ziemlicher Choleriker war. Er war der Chef und alle hatten zu spuren. Das konnte ja heiter werden, bei meinem Problem mit Autoritäten.

Ich arbeitete von Anfang an in der Abteilung »Stückgutverkehr England«. Meine Ausbilder aber, wie auch die Kollegen, wechselten häufig, manchmal im Zweimonatsrhythmus. Das brachte mir als Azubi eine ungewöhnliche Machtstellung ein, da ich nach kurzer Zeit bereits unentbehrlich war. War ich doch der Einzige, der kontinuierlich in der Abteilung arbeitete und die Vorgänge kannte. Mir tat das natürlich gut, ich arbeitete als

Azubi alleinverantwortlich und hatte quasi niemanden, der mir etwas sagen konnte. Andererseits musste ich auch mehr leisten. Teilweise saß ich von morgens acht bis nachts halb zwei nonstop in der Spedition. Ich musste als einziger Zuständiger eben abwarten, bis die Lkws aus England eingetroffen waren, und sie abfertigen.

Immerhin lernte ich so sehr viel. Auch, dass ich mich nicht mehr über jeden Mist aufregen und die Situationen gelassen annehmen sollte.

So ging das bis ins dritte Ausbildungsjahr. Wenn ein Angestellter für den »Stückgutverkehr England« da war, behandelte mich der Big Boss von oben herab, wenn ich allein in der Abteilung war, hagelte es die Höflichkeiten nur so. Diese beiden Extreme hielten sich die Waage. Denn oft war ich tatsächlich der kompetenteste Mitarbeiter in meinem Bereich. Aber im dritten Jahr wurde die Stelle in meiner Abteilung gar nicht mehr ausgeschrieben. Ich machte den Job ja ohnehin die meiste Zeit und ich machte ihn gut. Aber sechs 16-Stunden-Tage als Azubi, das war happig. Vor allem, weil ich dafür nur knapp 500 Mark Ausbildungsentgelt bekam. Das war zu wenig, fand ich.

Also ging ich zum Chef und forderte angemessene Bezahlung. Der lachte erst, dann schrie er. Dank meines Autoritätsproblems zofften wir uns nach fünf Minuten wie die Marktweiber. Ich ließ mich auch nicht beeindrucken von seinen Rauswurf-Drohungen, denn ich wusste ja, was ich mittlerweile für die Firma wert war. Und so zog ich es durch und verhielt mich in den nächsten Wochen wie ein Azubi, arbeitete meine acht Stunden am Tag und um 17 Uhr landete alles, was ich nicht schaffte, bei den Kollegen. Die durften dann Überstunden machen. Ein veritabler Skandal. Da kann ich nämlich sehr unangenehm werden, wenn einer meint, er könnte mich ausnutzen oder hintergehen.

Die Stimmung in der Spedition wurde natürlich immer schlechter. Ich wurde schikaniert und geschnitten. Niemand redete mehr mit mir. Weil auch die anderen Angestellten nicht verstanden, warum ich so handelte, ja, warum ich so handeln musste. Eines Tages, gegen Ende meiner Ausbildung, war mir klar, dass ich Tacheles reden und mich endlich rechtfertigen und erklären müsste. Logischerweise konnte so ja keiner verstehen, dass ich früher überdimensional viel arbeitete und jetzt eben nur noch das, was ein Azubi machen muss. Als dann auch noch der Chef in den Raum kam und mir nach Feierabend die Abfertigung zweier Lkw aufdrückte, war es so weit: Das Fass lief über.

Ich drehte mich um und verließ die Spedition. Und ich kam nie wieder.

Soll heißen, der Ausbildungsbetrieb verzichtete ab da auf mich und die restliche Ausbildungszeit ging ich nurmehr auf die Berufsschule. Ich musste darauf bauen, dass ich die Abschlussprüfung bestehe, weil ich sonst noch ein halbes Jahr im Betrieb hätte dranhängen müssen.

Ich war nervös, obwohl ich sonst vor Prüfungen eher gelassen, ja sogar lässig gewesen war. Aber die Aussicht, noch einmal zurück in diesen Betrieb zu müssen, plus die Statistiken mit einer Durchfallquote von über 60 Prozent schnürten mir den Hals zu. Ich schaffte die schriftliche Prüfung. Sogar mit Note Gut. Vor der mündlichen Prüfung hatte ich noch mit einem Kollegen telefoniert, der gerade durchgefallen war. Auch kein ideales Vorbereitungsprogramm. Auf der Fahrt nach Münster zur Berufsgenossenschaft, wo die Prüfung anberaumt war, fuhr ich wieder das Nervositätsprogramm. Ich zitterte am ganzen Körper, fühlte mich mal heiß, mal kalt, war total übermüdet, weil ich kaum geschlafen hatte.

So stand ich nun hier. An einer Tankstelle hatte ich mir noch Frühstück gekauft: Ein Snickers und eine Dose Red Bull.

Aber auch hier war alle Aufregung umsonst und ich bestand die mündliche Prüfung. Zwar nicht glorreich, aber solide. Mit abgeschlossener Ausbildung konnte ich in der väterlichen Spedition antreten.

Dass mich dies in den Abgrund reißen würde, ahnte ich damals noch nicht.

KAPITEL 5

SCHICKSAL, TEIL 1

Ich glaube an Schicksal. Denn ich hätte mindestens drei Mal tot sein können.

Ich bin es nicht und deshalb glaube ich irgendwie daran, dass ein großer Plan hinter allem steht. Der Plan bei mir ist: Der Wendler tritt nicht ab, bevor er nicht Millionen Menschen begeistert hat. Damals war es einfach noch nicht so weit. Ich sollte weiterleben, weitermachen. Das ist mein Schicksal.

Die schwächste Erinnerung habe ich an das erste Mal, als ich fast gestorben wäre. Ich war ungefähr vier Jahre alt und spielte in meinem Kinderzimmer. Dort stand seit Jahren dieser riesige Eichenschrank, rund drei Meter breit und bis fast unter die Decke reichend. Trotz oder gerade weil er so schwer und mächtig war, wackelte er seit Jahren und mein Vater hat ihn nicht an der Wand gesichert, wie es verantwortungsvolle Eltern tun sollten.

Ich kam nun auf die höchst interessante Idee, einmal die Schranktüren aufzumachen. Und wollte unbedingt Bergsteiger spielen. Tür auf. Und wieder zu. Und wieder auf. Erst die linke, dann die rechte, dann umgekehrt. Ich war schon immer ein Forschertyp. Und wie die Türen da so offen standen, da hing der extrem aktive Wendler auch schon dran.

Dann ging es sehr schell, der Schrank knarzte und heulte wie ein altes, sehr schweres und sehr großes Tier und bewegte sich langsam, dann immer schneller und schließlich schlagartig vornüber auf mich zu und verdunkelte das Tageslicht im Zimmer. Ich war gelähmt vor Schreck, aber intuitiv machte ich mich ganz klein und kauerte mich auf den Boden. Und hoppla – kein Aufprall, kein Schmerz, kein Engel, der mich abholte. Das Nächste, an was ich mich erinnere, sind die hysterischen Schreie meiner Mutter und das kalkweiße Gesicht meines Vaters, der mich unter dem Schrank hervorzog. Überall lagen Glasscherben um mich herum. Erst jetzt konnte ich sehen, was mein Leben gerettet hatte. Der Schrank blieb in seiner ganzen Wucht des Umfallens an meinem Plüsch-Schaukelpferd hängen. Es rettete mir so mein Leben. Das war zwar keinen halben Meter hoch und auch nicht gerade massiv gebaut. Aber dieses Ding hatte den Schrank gestoppt und ich kauerte zufällig in der winzigen Lücke zwischen Schrank und Pferd und hatte nicht mal eine Schramme abbekommen.

Daran erinnere ich mich kaum noch und weiß die Einzelheiten eher aus Erzählungen meiner Eltern. Aber wäre nicht das Schaukelpferd dort gestanden, dann wäre ich tot gewesen, zu massiv war dieser Schrank. Man ahnt wohl gar nicht, wie oft man als Kind völlig naiv in Situationen getappt ist, die man als Erwachsener als Nahtoderfahrung bezeichnen würde. Ich spielte schon ein paar Minuten später wieder lustig im Haus herum.

Eine weitere und viel bewusstere Nahtoderfahrung dieser Art hatte ich dann 14 Jahre später.

SCHICKSAL, TEIL 2

Mein erster eigener Wagen war ein Opel Kadett. Ein rotes Cabrio. Sicherlich hätte ich mir nie so eine Mistkarre gekauft, doch wenn man 18 ist und keine Kohle hat, nimmt man, was man kriegen kann. So nutzte ich meine Chance und krallte mir den gebrauchten Wagen meiner Schwester, die sich kurz zuvor einen neuen gekauft hatte. Im Juli 1990 war ich gerade glücklicher Eigentümer eines Autoführerscheins geworden und sauste euphorisiert auf vier Reifen durch die Ruhrpottalleen. Ich wollte an diesem Abend mit zwei Kumpels in die Disco. Ich war der Käpt'n im Kadett und meine Mannschaft bildeten Michi auf dem Beifahrersitz und Sven hintendrin.

Es war eine magische Nacht, die Luft flirrte, wir bewegten uns in einer neuen Dimension. Tanzen, flirten, Spaß haben, alles schien perfekt.

Derart berauscht und aufgedreht verließen wir weit nach Mitternacht den Laden. Rein in den Kadett, das Radio an und den Regler auf höchste Lautstärke gedreht. Getragen von der Musik und unserer euphorischen Laune rasten wir über die Landstraße in Richtung Autobahn. Die Bilder sind noch immer auf meiner Festplatte im Langzeitgedächtnis eingebrannt. Mir kam es langsamer vor, als es letztendlich war, aber ich wurde wohl immer schneller. Zu schnell für diese Kurve, die ich – da bin ich mir heute noch sicher – mit meiner Yamaha gepackt hätte. Aber ich saß nun über vier Rädern und war darauf noch Anfänger. Ein klassischer Fall von Leichtsinn und Selbstüberschätzung.

Ich bog also in diese scharfe Rechtskurve vor dem Autobahnzubringer und war erschrocken, wie schnell die Kurve immer enger wurde. Die Wahrnehmung schaltete auf Zeitlupe, ich höre noch neben mir und hinten meine Kumpels lachen und realisierte, dass ich über den kritischen Punkt hinaus war. Mein Magen fuhr Achterbahn und ich versuchte knallhart abzubremsen. Zu spät.

Der Kadett rutschte und schwankte. Aus dem Rutschen wurde ein Schleudern, alles in Zeitlupe vor meinem inneren Auge, aber in Echtzeit wohl nur Sekundenbruchteile. Ich erinnere mich, wie ich in diesen Sekunden minutenlang überlegte. Was sollte ich tun? Wie reagieren? Was war die beste Antwort auf die Situation? Ich hielt das Lenkrad krampfhaft fest, versuchte nicht einzulenken, versuchte den Wagen gerade zu halten. Lieber geradeaus in die Büsche als unkontrolliert durch die Gegend schleudern, dachte ich in den endlosen Sekunden. »Festhalten«, schrie ich, und trotz allem brach das Heck aus und wir krachten schleudernd in den Graben. »Das geht nicht gut«, war mein letzter Gedanke.

Plötzlich waren wir schwerelos, ich hörte keine Musik mehr, nicht mehr meine Kollegen schreien, ich war verstummt und alles drang nur noch wie durch Watte zu mir durch. Vor mir drehte sich die Welt vor der Windschutzscheibe, das Gras wuchs plötzlich oben. Wieder dauerte dieser Sekundenbruchteil etwa gefühlte drei Minuten, bis wir mit einem ohrenbetäubenden Krach aus der Trance gerissen wurden. Wir waren glücklicherweise seitlich aufgeschlagen, nachdem wir uns überschlagen hatten, der Aufprall riss das Dach weg, und dann standen wir. Auf den Rädern, über uns der sternenklare Himmel. Auf den Rädern, Gott sei Dank, sonst wären wir tot gewesen. Einen Aufprall aufs Dach hätte im Cabrio wohl kein menschliches Genick heil überstanden.

Dann Stille. In der Ferne rauschte monoton die Autobahn wie ein Ozean. Nur der Blinker klackte gleichförmig und aberwitzig vor sich hin. Welche Richtung zeigte der jetzt an? Dann Stille auch in mir. Ich tauchte weg.

Erst als ich schon aus dem Wrack gezerrt wurde, war ich wieder bei mir. Ich sah Menschen, die aufgeregt durcheinandersprachen und riefen, hinten an der Straße einige Scheinwerferkegel und Warnblinklichter. »Kannst du dich bewegen, hast du Schmerzen?«, fragte mich ein Mann, der an meiner Schulter zupfte und zerrte. Auf einmal kam die Erinnerung zurück und wie ein Film lief der Unfall noch einmal vor meinem inneren Auge ab. »Scheiße. Michi. Sven«, flüsterte ich panisch. Mehr in mich hinein als zu den Umstehenden. Da erst kam ich auf die Idee, meinen Kopf nach rechts zu drehen, wo Mick noch immer festgeschnallt in seinem Sitz saß, ins Leere blickte, aber sichtbar nur an der Hand und der Stirn ein wenig blutete. »Ich hab nichts abbekommen«, sagte er schwer atmend.

»Euren Freund hat es schlimmer erwischt, es hat ihn aus dem Auto geschleudert«, sagte der Mann, der neben dem Auto stand. Ich schrie den Mann, der ja nichts dafür konnte, wütend an. »Ich muss hier raus, wo ist er?« Der Mann beruhigte mich. »Er lebt und ist bei Bewusstsein. Der Krankenwagen ist unterwegs.« Seine Worte klangen wie aus einem schlechten Fernsehfilm, aber genau so war es. Er sagte, dass ich erst mal nach mir selbst schauen solle. Ob es mir denn gut gehe, ob ich alles bewegen könne. Die Idee, das zu prüfen, war mir bis dahin noch gar nicht gekommen. Aber soweit ich es einschätzen konnte, war ich in Ordnung. Mick war inzwischen ausgestiegen, humpelte ein wenig und bewegte sich wie ein Achtzigjähriger, aber er war okay und konnte gehen. Der Rest würde wieder werden.

Jetzt sah ich die Blaulichter aus der Dunkelheit heranrasen. Die Polizei und der avisierte Krankenwagen trafen ein und Stefan wurde versorgt. Der Notarzt beschwichtigte, meinte, es sehe ganz gut aus. Aber Stefan sah furchtbar aus. Er hatte hinten auf der Rückbank gesessen, war nicht angeschnallt und wurde aus dem Auto geschleudert, als das Stoffverdeck durch den Überschlag weggerissen wurde. Leider so ungünstig, dass ihn das Auto einmal überrollte. Er hatte schwere Knochenbrüche und würde noch einige Wochen im Krankenhaus liegen müssen. Aber trotz allem war er froh und glücklich. Froh, nicht tot zu sein. Wie wir alle.

Denn wie uns die Polizei nachher berichtete, haben wir uns wohl acht Mal überschlagen. Mit einem Cabrio! Wir haben dabei nur knapp einen Betonpfeiler verfehlt, der das Auto komplett zerrissen hätte, wie ein Polizist sich ausdrückte. Ein anderer sagte zu seinem Kollegen: »Da hab ich schon Leute verrecken sehen, die weitaus weniger durch die Luft geschleudert wurden.« Er dachte wohl, wir hören ihn nicht.

Ich war erst mal ganz still. Nicht nur ich hätte tot sein können, ich wäre auch verantwortlich gewesen für den Tod zweier guter Freunde. Und an dieser Schuld wäre ich zerbrochen, da bin ich mir ganz sicher. Ich hatte riesiges Glück und bin mir heute sicher, dass es das Schicksal so gewollt hat.

SCHICKSAL, TEIL 3

Am sichersten, dass es wirklich Schicksal gibt, bin ich seit dem dritten Ereignis, bei dem ich beinah gestorben wäre. Denn da habe ich tatsächlich mit dem Leben abgeschlossen. So richtig bewusst.

Es war im Sommer 1991, gerade mal ein Jahr nach dem schlimmen Autounfall. Ich war jung und machte mir nicht allzu lange Gedanken um dieses doch so prägende Erlebnis. Ich wurde in diesem Sommer von meinem Freund Axel eingeladen. Seine Eltern hatten eine Ferienwohnung in Texel in Holland gemietet. Für uns aus Nordrhein-Westfalen ist Holland ja so etwas wie die zweite

Heimat. Deshalb war ich sofort dabei, als Axel fragte, ob ich nicht Lust hätte auf ein paar Tage Sonne und Strand und Meer. Ich fuhr wieder selbst, hatte keine Ängste mehr und fuhr sogar in meinem eigenen Auto. Das war wieder ein Opel Kadett, wieder ein Cabrio, aber diesmal in Schwarz. Mit elektronischen Fensterhebern und noch einigem anderen Schnickschnack. Den wollte ich natürlich nicht schrotten und fuhr entsprechend.

Am ersten Strandtag war es in Texel relativ leer. Einerseits, weil weder Ferien noch Wochenende war. Anderseits, weil zwar die Sonne schien, aber die Nordsee auch im Hochsommer recht frisch ist. Weit und breit war kein Rettungsschwimmer zu sehen, obwohl sicher welche Dienst hatten. Denn an ihrer Rettungsstation war die rote Fahne rausgehängt. Aber die haben wir nicht wahrgenommen.

Denn Axel und ich wollten nur ins Wasser und rannten über den langen Sandstrand hinunter zum Meer. Das Wasser stand hoch, es war gerade Flut. Ich drehte mich um, sah die rote Flagge und dachte mir noch, dass diese Farbe sicher irgendwas zu bedeuten hat. Ich war mir aber nicht sicher, ob es Flut bedeutet oder eben doch irgendeine Gefahr. Wir waren ja vorher so gut wie nie am Meer. Mit meinen Eltern gab's jedes Jahr einen obligatorischen Zweiwochenurlaub in Österreich. Und dort hatte man kaum rote Fahnen. Heute bin ich auch schlauer und weiß, dass man sich immer über einen unbekannten Strand informieren sollte. Denn das Meer, das Wasser ist das gefährlichste aller Elemente, weil es einen in Sicherheit wiegt. Es kann oberfächlich so friedlich und beruhigend aussehen, gemächlich dahinfließen, aber weiter unten sorgen Verwirbelungen und Strömungen für Lebensgefahr. Schon geübte Schwimmer können da in Schwierigkeiten geraten, für uns Sportnieten war es der reine Wahnsinn.

Das alles wussten wir damals aber nicht. Und selbst wenn wir es gewusst hätten, so wäre unser jugendlicher Übermut damals so groß gewesen, dass wir es trotzdem gemacht hätten. Was sollten uns schon ein paar Strömungen anhaben? Uns gehörte die ganze Welt.

Anfangs war auch alles ganz entspannt, es zog manchmal ein wenig an den Füßen, aber das war's dann auch. Kein Grund zur Beunruhigung. Wir wagten uns immer weiter hinaus, hatten aber immer noch Boden unter den Füßen. Ich stand bis zum Hals im Wasser, als ich plötzlich merkte, dass das leichte Umspülen meiner Knöchel zu einem Sog wurde, der mir den Sand unter den Füßen wegzog. Die Sandkörner wirbelten zwischen meinen Zehen herum und als ich hektisch Richtung Strand schaute, erkannte ich, dass nicht ich den Boden verlor, sondern der Boden mich nach draußen zog. Aufs offene Meer.

In Sekunden hatte ich keinen Stand mehr und musste schwimmen. Ich konnte Axel noch warnen, er stand noch, etwa fünf Meter von mir entfernt, und bewegte sich zügig Richtung Strand. Auch ich war noch nicht beunruhigt, es waren ja nur ein paar Meter, und ich müsste halt meine Bequemlichkeit überwinden und schwimmen. Ich fing also an und kraulte vehement, aber mein Entsetzen war plötzlich riesig, als ich merkte, dass ich mich immer weiter vom Strand wegbewegte. Ich holte aus mir heraus, was ich konnte. Das war nicht viel, zugegeben, aber in normalem Wasser hätte es gereicht, um in ein paar Minuten wieder raus zu sein. Hier verlor ich mit jeder Schwimmbewegung drei weitere Meter. Auch Axel hatte zu kämpfen, aber er war vorher nicht in den Sog geraten und so konnte er nach einigen Minuten aus dem Wasser kriechen.

Ich war jetzt vollends ausgeliefert. Nichts von dem, was ich versuchte, hatte irgendeine Wirkung. Jetzt hatte mich die Panik erfasst, ich paddelte und ruderte und warf alle Gliedmaßen in den Kampf. Aber es nutzte nichts und so langsam ging mir die Kraft aus.

Schon 50 Meter war ich nun vom Strand entfernt. So nah noch, aber der weiße Sand schien unerreichbar weit weg. Meine einzige Hoffnung war, dass die Strömung irgendwann an Kraft verlieren würde. Aber danach sah es nicht aus. Das Meer zog mich immer weiter hinaus: 100 Meter, 150 Meter, die Panik wurde immer größer. Selbst wenn jetzt die Strömung abrupt nachgelassen hätte, ich hätte keine Kraft mehr gehabt, die Strecke zurückzuschwimmen. Mit erdrückender Klarheit schoss es mir in den Kopf: Ich werde untergehen. Ich werde hier sterben.

Meine Beine und Arme zitterten vor Übersäuerung. An die 20 Minuten dauerte mein Kampf nun schon. Immer wieder tauchte ich ab, schluckte Salzwasser, um mich dann doch noch einmal an die Oberfläche zu kämpfen und Luft zu schnappen.

In diesen Momenten habe ich mit dem Leben abgeschlossen. Ganz bewusst. Abgeschlossen.

Ich war fertig, ich war am Ende, hatte gekämpft, gerudert, gestrampelt, literweise Salzwasser geschluckt und ich war letztlich so schwach, dass ich da gar nicht mehr darüber nachdenken konnte. Ich war wie bewusstlos. Da ist auch kein Film abgelaufen, mein bisheriges Leben im Zeitraffer oder so. Nein, ich hatte nur meine innere Ruhe gefunden, so ein Gefühl, wie man es hat, wenn man abends im Bett liegt, kurz vor dem Einschlafen. Dieses Hineingleiten in die Traumwelt mit einem schönen Gedanken. Wenn jetzt der Tod eingetreten wäre, es wäre nicht schlimm gewesen. Ich habe auch nicht mehr an meine Familie gedacht, es war einfach nur ein wohliges Gefühl. Als wenn dir einer die Augen zuhält, und die Ohren auch.

Ich sank hinab. Ein Meter, zwei Meter. In völlige Dunkelheit, in völligem Frieden.

Und da spürte ich es – unter meiner Fußsohle. Stein. Beton, irgendetwas Hartes. Schlagartig erinnerte ich mich. Gestern, als das Wasser ganz tief stand, waren diese Steinhaufen oder Wellenbrecher fast zwei Meter aus dem Wasser geragt. Sie führten bis zum Strand, daran erinnerte ich mich auch. Ich stieß mich ab und schnellte hoch an die Wasseroberfläche, ließ mich wieder absinken und stieß mich wieder ab. Dazu hatte die Strömung ein wenig nachgelassen, sodass ich mich auf dieser unsichtbaren Schiene bis zum Strand fortbewegen konnte. Erst hopsend, dann laufend.

Nach ein paar Minuten erreichte ich den Strand. Ich ließ mich in den feinen Sand fallen. Meine Füße waren blutig, ich hatte sie mir an den scharfkantigen Felsen des Wellenbrechers aufgestoßen. Egal. Ich klapperte und wackelte, war fertig, am Ende. Aber ich lebte. Was für ein Glück, dass ich in genau diesem Moment aufgegeben hatte, in genau diesem Moment nach unten sank. Denn eine Minute später wäre ich nicht auf die Steine gestoßen und ertrunken in dieser wohligen Dämmerung des Loslassens.

Es war der Wendepunkt in meinem Leben. Ich dachte in den Wochen danach über viele Dinge nach, dachte nach über richtig und falsch. Wie waren die Sachen bisher gelaufen in meinem Leben, was hatte ich aus meinem Leben gemacht? Plötzlich war mir bewusst, wie wertvoll dieses Leben ist. Und wie ich es auch in meinem Kopf drehte, ich hatte das Gefühl, dass mir geholfen wurde. Ich hatte Hilfe von außen erhalten. Verrückt, oder? Mir hatte eine Macht geholfen, die fand, dass ich noch nicht sterben sollte, dass ich zu Höherem berufen war.

Und diese Macht wollte ich nicht mehr enttäuschen.

KAPITEL 6

DIE SCHLINGE ZIEHT SICH ZU

Mein Vater hatte während einer seiner Nachtschichten mit einem Fahrgast geplaudert und dabei vom Konzept MiniCar erfahren. Ein Franchise-Taxiunternehmen, das die elfenbeinweiße Konkurrenz mit deutlich günstigeren Tarifen unterbot. Anfang der Neunzigerjahre gab es diese MiniCars nur in großen und bedeutenden Städten, also ganz bestimmt nicht in Dinslaken. Sicher eine gute Sache, aber der Erfolg des Ganzen in der rheinischen Provinz erschien mir doch sehr fragwürdig.

Aber hier hatte ich mich getäuscht. Es funktionierte. Immer mehr Aufträge sorgten für immer mehr Autos und immer mehr Angestellte. Mein Vater war nun ein Firmenboss und verdiente anständig. Gesehen haben wir ihn im Gegenzug allerdings noch seltener, da das Taxigeschäft ein 24/7-Job ist. Man arbeitet eigentlich nur noch, Tag und Nacht und auch am Wochenende. Auch meine Mutter war nun mit dabei, sie saß am Funkgerät und koordinierte die Einsätze.

Es lief so gut, dass mein Vater bald nach weiteren Möglichkeiten forschte. Die Idee, die er schließlich hatte, war naheliegend: Mit Menschen funktionierte der Transport ja schon prächtig, warum also nicht mit Gütern. Nicht mehr nur die Straßen von Dinslaken sollten es sein, sondern die großen Strecken. Nicht mehr nur Limousinen, sondern ganze Lkws. Er machte sich schlau, sah sich um und bald schon hatte er den ersten Leasingvertrag für einen Fünfzehntonner unterzeichnet. Den fuhr er fortan jeden Tag selbst, während er sich ansonsten auch die Nachtschichten im MiniCar nicht nehmen ließ. Zur Akquise von Aufträgen nutzte er die alten Thyssen-Kontakte und war echt engagiert, wollte seinen Job gut machen. Eine Fuhre Stahl von Duisburg nach Dortmund. Dann 700 Paletten nach Münster, das Geschäft brummte so sehr, dass ein einziger Lkws bald nicht mehr reichte. Schließlich verdiente er allein mit dem einen Brummi mehr als mit der ganzen MiniCar-Flotte. Also verkaufte er diese und nahm den Erlös als Startkapital für die eigene Spedition.

Damals war ich wahnsinnig stolz, heute weiß ich, dass da so einiges nicht ganz koscher war. In meiner Ausbildung zum Speditionskaufmann lernte ich Dinge, von denen ich weiß, dass er sie definitiv nicht wissen konnte, wie so vieles, was hinter einem derartigen Betrieb steckt. Mit dem Herumfahren auf der Autobahn ist das nicht getan. Kalkulationen, Gehälter, Abrechnungen – all das eignete er sich in Crashkursen und eher am Rande an. Erst später wurde mir klar, wie viel Quatsch er oft erzählte.

Anfangs aber lief es richtig gut. Auch weil mein Vater ausspielte, was er wirklich gut kann. Nämlich die Menschen um sich herum manipulieren. Trotzdem reichte es am Ende nicht. Mein Vater war geschäftlich ein Totalausfall. Es wurde immer mehr Geld entnommen als eingenommen. Die Löcher wurden immer größer und größer. Leider wurde mir das spät bewusst. Zu spät.

Im Sommer 1993 machte ich in Münster meine Prüfung zum Speditionskaufmann. Etwa zur gleichen Zeit ging es für die Spedition schon ums Überleben. Eigentlich war sie längst am Ende. Was überhaupt nicht in Einklang zu dem stand, was mein Vater uns tagtäglich vorlebte. Mir zum Beispiel spendierte er ein nagelneues und luxuriös ausgestattetes BMW Cabrio. Wir alle fuhren zum Skiurlaub nach Sölden, wo meine Mutter den Nerzmantel spazieren tragen durfte. Die Firma aber war zu diesem Zeitpunkt längst am Ende.

Auf der Fahrt nach Münster sah ich am Straßenrand einige Bauarbeiter stehen und ich beneidete sie um ihr vergleichsweise einfaches Leben. Ich hätte sofort getauscht. Ein Gedanke, ein Kurzfilm nur in meinem Kopf, den ich sehr lange immer wieder vor Augen hatte.

Als ich dann, im Gegensatz zu vielen meiner Kollegen, die Prüfung bestanden hatte, wurde nicht etwa erst mal gratuliert und angestoßen. Mein Vater hatte mir immer zu verstehen gegeben, dass das Glück der Familie in meinen Händen liegt. Nur wenn ich diese Prüfung bestehen würde, könnte ich die Firma übernehmen. Und damit retten. Ansonsten würden wir alles verlieren, das Haus, die Autos, unser Vermögen.

Mein Vater hatte das vorher für sich beschlossen. Ich wurde eigentlich darüber nur informiert. Ich sollte einfach ein paar Dokumente unterschreiben und die Spedition künftig auf meinen Namen laufen lassen. Auf den Planen der Lkws stand weiterhin »M. Skowronek«, und nur wenige wussten, dass das »M« nun für Michael stand und nicht mehr für Manfred. Denn das war natürlich das Wichtigste für meinen Vater: Niemand durfte die Kalamitäten mitbekommen. Mein Vater suggerierte den Auftraggebern – und da waren große Firmen wie Thyssen oder Babcock dabei – dass er selbst immer noch hinter der Spedition stand. Und belog sie damit schon wieder. Er wollte den Schein wahren, und das war mein Verhängnis. Denn wir hätten das Ganze von Anfang an offen und sauber aufziehen müssen. Zum Beispiel durch Gründung einer GmbH, die die Spedition und unser Privatvermögen getrennt hätte. Stattdessen habe ich alles übernommen – Fahrzeuge, Leasingverträge, Firmensitz, ja selbst die Telefonnummer. Und habe sogar eine Umschuldung für das Haus meiner Eltern durchgeführt. Denn das Haus war in großer Gefahr und wäre ohne meinen Einsatz zwangsversteigert worden. Somit war klar, dass die Gläubiger später leichtes Spiel haben würden. Sie klagten darauf, dass das lediglich eine Firmenübernahme war und bekamen natürlich recht. Somit hatte ich auch die Schulden übernommen. Klar, die Gläubiger fühlten sich von meinem Vater veräppelt und sagten sich wohl: Jetzt erst recht. Dass Manfred Skowronek damit seinen eigenen Sohn in die Schuldenfalle jagte, war ihm egal.

Ich hätte damals alles unterschrieben. Das hätte ja wohl jeder gute Sohn getan und ich war gerade erst 21 Jahre alt geworden. Im Kopf hatte ich nur die neue Freiheit. Ich hatte ausgelernt, die Schule hatte ein Ende. Der Autoritätsdruck war vorüber. Keiner, der mir mehr sagte, was ich zu tun oder zu lassen hätte. Was richtig und was falsch ist. Und keiner mehr, der mich für meine Leistung bewertete.

Die Existenz der ganzen Familie stand auf dem Spiel, und es durfte ja kein Lkw fehlen, keiner wegen nicht gezahlter Leasingraten abgeholt werden. Wenn ein Laster ausgefallen wäre, hätten wir so immense Ausfälle gehabt und Konventionalstrafen bekommen, dass alles sofort zusammengebrochen wäre. All das schilderte mir mein Vater in seiner bekannt dominanten überzeugenden Art, sodass ich nur noch unterschreiben konnte, dass das alles schon richtig sei. Ich dachte ja noch, er sei gut in seinem Job und wisse, was er tut. Ich wusste ja nichts von seinen Machenschaften und den windigen Leasingverträgen, ich vertraute ihm einfach. Er war ja immerhin mein Vater. Nicht in meinen schlimmsten Albträumen hätte ich mir ausgemalt, was ich mir da aufbürdete.

Denn ich überschrieb ihm auch meine Lebensfreude. Es würde lange dauern, über ein Jahrzehnt, bis ich wieder unbeschwert sein könnte. Auch davon hatte ich damals natürlich keine Ahnung. Als junger Mensch willst du doch dein Leben genießen, mit Freunden rumalbern und im wahrsten Wortsinne leichtsinnig in die Zukunft schauen dürfen. Für mich wurde das immer schwerer. Manchmal, wenn wir abends in unserer Stammkneipe zusammensaßen, fiel mir das Lachen sehr schwer. Weil ich immer öfter das Gefühl hatte: Bei all den Problemen und all den Schulden – wie kannst du da lachen?

Zunächst aber war Urlaub angesagt. Den gönnte ich mir nach der bestandenen Prüfung. Mit Claudia und zwei Freunden noch für ganze zwei Wochen in die USA. Auch mit Geld aus der Firma, wir hattens ja. Mit Minivan ging's an der Westküste entlang von Los Angeles, nach San Francisco, zum Grand Canyon und nach Las Vegas. Eine letzte Zeit der Sorglosigkeit für viele Jahre.

Wieder daheim, musste ich auch noch zum Zivildienst antreten. Immerhin: In den neun Monaten, in denen ich für die Caritas »Essen auf Rädern« in Dinslaken ausfuhr, und in den vier Monaten in einem Altenheim in Wesel lernte ich wieder etwas, was mich bis heute geprägt hat. Nämlich, dass man möglichst viele Träume verwirklichen muss, solange man noch jung ist. Man darf nicht warten, bis man meint, sich dies oder jenes gönnen zu dürfen. Denn das Leben verfällt so schnell. Ich wurde viel zielstrebiger.

Aber als ich nach den 13 Monaten wieder intensiven Einblick in meine Spedition bekam, über der mein Vater vereinnahmend wie eine Glucke hockte, war ich schockiert. Ich war zwar verantwortlich, aber mitreden durfte ich noch lange nicht. Mein Vater managte den Laden. Ich durfte bestenfalls unterschreiben und mir weitere Schulden aufhalsen. Ich war nur ein Strohmann. Klar, sage ich mir heute, ich hätte das alles hinterfragen müssen, aber als 21-jähriges Greenhorn – was soll man da entgegensetzen? Und ich merkte mehr und mehr, dass da alles marode war und es nur noch abwärts ging.

SEX SELLS

Es musste etwas passieren. Es musste Geld reinkommen. Allerdings auf ganz neuen Wegen, denn diese Spedition war ein Fass ohne Boden. Meine erste Idee war so albern wie genial. In Dinslaken fehlte ein Erotikgeschäft. Zumindest eines, in das sich normale Menschen hineinverirren würden. Es gab nur ein oder zwei dieser mit roter Folie verklebten Höhlen, in die Männer mittleren Alters mit hochgeschlagenem Mantelkragen hineinhuschten. Nein, wir wollten es mit Humor und Sauberkeit versuchen, ganz ohne Schmuddelimage. Erstaunlicherweise fanden meine Eltern die Idee sogar gut. Mein Vater war vielleicht ganz froh, dass ich nicht mehr in der Spedition rumhing und ihn beim Geschäftemachen störte, meiner Mutter war wohl klar, dass die einzige Chance für das Familienvermögen war, etwas außerhalb der Spedition zu versuchen.

Der Laden wurde eröffnet, ich nannte ihn »Gummi Dummi«. Er war toll gelegen, im Zentrum von Dinslaken und in den Neunzigern, als Erotik noch immer recht schmuddelig war, wurde dieses Geschäft ein Knüller. Im vorderen Bereich verkauften wir fast jugendfreie und eher spaßige Sachen. Lustige Kondome oder Scherzartikel. Härtere Sachen, nichtsdestotrotz hochwertige Ware, teilten wir ab und boten sie im hinteren Bereich des Ladens an. Ich machte Werbung wie verrückt. Entwarf die Anzeigen für die

Lokalzeitung selbst, genau wie das Firmenlogo, ein lachendes Kondom, und sprach auch die Radiowerbung selbst, die wir im lokalen Radio laufen ließen. Draußen neben der Tür hatten wir einen Kondomautomaten angeschraubt, der nachts zum zentralen Anlaufpunkt in Dinslaken mutierte. Eine echte Marktlücke.

Der Laden lief also prächtig, brachte zwar keine Millionen ein, aber er hätte sich gut getragen und uns ein schönes kleines Auskommen beschert. Aber es wurden alle Einnahmen herausgezogen und in die Spedition gesteckt. So war zu wenig Geld da, um zu investieren oder auch um Warenlieferungen zu bezahlen. Unser Steuerberater verzweifelte. Immer wieder rechnete er meinem Vater den Wahnsinn vor und sagte, dass man die Spedition schließen müsse. Der wollte das nicht wahrhaben. Die Spedition, das war doch sein Leben. Es kam ja immer Geld rein, genug, um das Haus abzuzahlen und zum Leben. Aber nicht genug, um Steuern zu zahlen oder Rechnungen zu begleichen. Damals konnte man das noch länger strecken, denn das Finanzamt reagierte nicht sofort. So wurden Bilanzen eben zwei Jahre später abgegeben. In meinem Rücken wuchs der Schuldenhügel stetig zu einem wuchtigen Schuldenberg. Ich ahnte noch nicht, dass es einmal ein Schuldenmassiv werden würde ...

Aber zunächst ließen wir uns nicht unterkriegen. Ich unternahm einiges, damit in meiner Beziehung zu Claudia die Macht der Schuldenlast kein zu großes Thema wurde. Aber größtenteils lebten wir von ihrem Gehalt, das sie von einer Essener Securityfirma bekam, wo sie als Groß- und Einzelhandelskauffrau arbeitete. Im Frühjahr 1995 fanden wir, dass es an der Zeit war, endlich zusammenzuziehen. Wir waren schließlich schon fast fünf Jahre zusammen. Claudia kam aus Gladbeck, wo auch ihre Familie wohnte. Ich war ein eingesessener Dinslakener. Wir mussten uns also auf unseren künftigen Lebensmittelpunkt einigen, und da Claudia sehr mit ihrer Familie verbunden war und wohl auch aus Heimatstolz, wollte sie nicht nach Dinslaken.

So einigten wir uns auf Kirchhellen, das liegt etwa auf halber Strecke zwischen unseren bisherigen Wohnorten. Wir mieteten eine hübsche Einliegerwohnung in einem Neubau und genossen diese Zeit sehr. Es war ein regelrechtes Spießerleben. Um fünf kam Claudia nach Hause, dann gab es Abendbrot, danach ein wenig Fernsehen und dann gingen wir schlafen. Für uns war das großartig, schließlich hatten wir uns bis dahin in unseren alten Kinderzimmern besuchen müssen und einer von uns beiden musste jeweils viel zu früh nach Hause fahren. Gegen Ende 1996 war mir dann die tägliche Fahrerei zur Arbeit nach Dinslaken zu anstrengend und Claudia hatte sich auch von ihrer Familie so weit gelöst, dass wir nach Dinslaken ziehen konnten. In der 90-Quadratmeter-Wohnung lebten wir, bis Claudia und ihre Eltern das Haus kauften, in dem wir noch heute glücklich sind.

Ich habe in dieser Zeit noch zwei weitere Läden aufgebaut. Erst einen in Dinslaken, der hieß »Big Easy«. Dort gab es alles, was kein Mensch braucht. Zum Beispiel Ethno-Kunstartikel von den Philippinen. Dafür sind wir sogar zweimal dorthin geflogen, um günstig Ware einzukaufen. Denn es lief wirklich gut. Ich konnte sogar noch eine Filiale in Wesel eröffnen.

Bei dieser Arbeit konnte ich wirklich abschalten. Denn in der Spedition dominierte mein Vater. Er war immer ein Mann, der eine Art an sich hat, die jedem, der ihm nahekommt, sehr schnell unangenehm wird. Wenn er seine Stimme erhebt und dich anschreit, dann möchtest du am liebsten nur weg. So ging es mir in dieser Zeit oft, und ich tat brav, was er sagte. Nur, um in Ruhe gelassen zu werden. Auch meine Mutter war in dieser Zeit sehr nervenschwach, beide keiften immer nur mich an. Es war eine Welt, in der ich nicht Fuß fassen konnte und wollte. Wenn ich dagegen in meinen Läden die Schaufenster dekorierte, dann fühlte ich mich sicher und richtig. Es war eben schon eine kreative Tätigkeit und ein ganz kleiner Anfang.

GRUNDLOS

Der größere Anfang kam, als uns eines Sonntags mein Großcousin Udo besuchte. Der konnte Gitarre spielen, was ich wahnsinnig interessant fand und auch können wollte. Als wir bei Kaffee und Kuchen im Wohnzimmer saßen, erzählte er, dass er seit Kurzem eine Band hatte. So eine typische Hochzeitsband. Als er meine musikalische Begeisterung bemerkte, fragte er, ob ich nicht mal mit zu einer Probe kommen wollte.

Das tat ich dann eine Woche später und merkte sofort, dass die keinen Sänger hatten. Es war der Keyboarder, der den Job ergattert hatte, weil er die am wenigsten schlechte Stimme von allen hatte. Ich trat also an, um der Frontmann zu werden. Die Jungs waren alle deutlich älter und schnauzbärtiger als ich, und sie trugen furchtbare Frisuren. Aber mir war es egal, Hauptsache, ich konnte singen. Noch nicht einmal einen Namen hatten sie und ich weiß nicht, warum, aber ich hielt Grundlos für eine gute Idee. Ich war schon immer ein Getriebener und nahm am liebsten sofort alles in die Hand. Denn mein Gefühl war, dass ich es besser kann als die anderen. Immerhin: Die Band ließ sich zunächst führen, ließ mich machen.

Endlich entflammte ein Licht am Ende des Tunnels. Das könnte der Ausweg sein aus einer Welt, die nicht die meine war. Denn die Spedition, das war harte Arbeit, das waren schmutzige und rußende Diesel, das waren mächtige und schwere Lasten, das waren Fahrer aus der Arbeiterschicht. Und vor allem: Das waren Schulden. Lähmende, freudestehlende Schulden. Auf einmal war da Musik. Harmonie. Gefühl. Poesie. Es mag jetzt pathetisch klingen, aber es war die Möglichkeit für mich, meine Seele und meine Lebensfreude wiederzufinden. Rauszukommen aus dem verhärmten Leben als Riesenschuldner. Ich steigerte mich in die Sache rein, dachte mir fast täglich neue Melodien aus, die ich den Bandmitgliedern vorsang und die dann ihre Lines dazu schrieben. Ich dachte mir Texte aus, alles noch recht laienhaft und zusammengewürfelt. Aber ich machte Musik.

Es lief nicht besonders. Weder mein Großcousin noch die anderen Bandmitglieder hatten eine Ahnung, wie man sich Auftritte verschafft. Ich habe also am Firmencomputer Flugblätter entworfen und ging in den Copyshop, um diese zu vervielfältigen. Am Kopierer nebenan stand ein wettergegerbter Typ mit grauem Haar, der auch reichlich kopierte. Er linste wohl mal zufällig zu mir herüber, sah das bunte Bild von uns fünf Männern in den schlecht sitzenden Anzügen und kombinierte, dass ich da wohl eine Band am Start hatte. Er fragte mich, ob ich mir vorstellen könnte, mit meiner Band am Ostersonntag bei seiner Veranstaltung zu spielen. Ein Monstertruck-Event auf dem Dinslakener Kaufhof-Parkplatz. Wahrscheinlich dachte der, wir seien gut. Haha. »Klar, machen wir«, war natürlich meine Antwort. Und selbstbewusst schob ich gleich hinterher: »Was zahlst du denn?« Er war dann bereit, 300 Mark auszugeben, was uns als Gage natürlich reichte. Endlich ein Auftritt.

Der wurde dann eine ziemliche Katastrophe. Es war ein sonniger Tag, aber es waren nicht viele Leute da, schließlich musste man Eintritt bezahlen und was geboten war, war wenig spektakulär.

Die Monstertrucks sind jedes Jahr dort zu sehen und immer ein richtiger Rohrkrepierer. Die Bühne lag ebenerdig in einer Ecke, versteckt zwischen all den Lastern mit ihren riesigen Reifen. Und so stand ich da mit meinem T-Shirt und der Lederweste, sah selbst aus wie ein Trucker, aber ich hatte richtig Spaß. Das Publikum war schwierig, die liefen ja ständig nur an der Bühne vorbei, wollten doch eigentlich die Trucks sehen. Die Leute ignorierten uns bestenfalls. Kein Wunder, es gab ja auch nichts zu sehen. Einen jungen Burschen vorne, dahinter schrammelten ein paar Herren mit Schnauzbart, bei denen das Renteneintrittsalter nahe war. Sex, Drugs and Rock 'n' Roll war das nicht. Aber worauf ich heute noch stolz bin: Ich hätte es mir leicht machen können, wenn wir ein paar gediegene Oldies oder bewährte Gassenhauer abgenudelt hätten. Aber das wollte ich nicht. Ich sang ausschließlich meine eigenen Lieder, und das hat sich bis heute nicht geändert.

Eine Dinslakener Tageszeitung schrieb: »Michael Wendler, der einschlägig bekannte Erotikunternehmer, versucht sich jetzt im Singen.« Aber ich war stolz, dass ich es durchgezogen hatte, und dankbar, dass ich die Chance bekam, zu lernen und mich zu entwickeln. Danach konnte ich in Ruhe analysieren. Was kann ich das nächste Mal besser machen? Bis heute bin ich nie mit einem Auftritt wirklich zufrieden gewesen, und das sind ja nun schon weit über tausend.

Es sollte der einzige Auftritt von »Grundlos« bleiben. Ich habe schnell gemerkt, dass das nichts bringt mit diesen Jungsenioren. Ich begriff, dass ich kein Typ für eine Band bin und solo auftreten muss. Es endete dann recht unschön. Denn die Herren hatten auch keine Ambitionen, sie wollten eine schrammelige Kellerband bleiben. Ich war ihnen wohl zu dominant, mein Tempo konnten und wollten sie nicht mitgehen. Als ich dann zufällig erfuhr, dass sie sich ohne mich zum Üben trafen, holte ich meine Anlage ab und verschwand ohne Verabschiedung.

SCHLAGERGALA

Parallel zu meinem ersten Kontakt mit der Musik hatten meine Eltern eine neue Geschäftsidee. Leider wieder nur mit dem Hintergedanken, diese verdammte Spedition zu retten. Aber die Idee war gut. Sie organisierten eine Schlagergala und mieteten dafür die Dinslakener Stadthalle. Immerhin konnte ich sowohl 1997 als auch 1998 auftreten und weitere Erfahrungen sammeln. 1998 engagierten meine Eltern den bekannten Schlagersänger und Radiomoderator Jürgen Renfordt als Conferencier.

Das sollte ein weiterer wichtiger Schritt für meine Karriere sein.

KAPITEL 7

ALLES NUR AUS LIEBE

Es war 1997, kurz vor Weihnachten. Ich war 25 Jahre alt und hatte immer noch ein Versprechen einzulösen, das ich mir gegeben hatte, als ich an einem holländischen Nordseestrand hockte und gerade eben dem Tod entronnen war. Ich wollte etwas getan haben, an das man sich erinnert. Seit Jahren bohrte dieser Gedanke sich immer wieder in mein Gehirn: »Ich möchte nicht von dieser Welt gehen, ohne etwas zu hinterlassen.« Ich hatte ein paar Bilder gemalt, denn etwas Künstlerisches sollte es sein. Von den »Gemälden« konnte ich sogar einige verkaufen. Allerdings nur an meine Freunde und Verwandte, und mehr als die Kosten für den Rahmen habe ich nie erwirtschaftet. Vielleicht hat ihnen auch nur der Rahmen gefallen, und sie konnten ihn für ein richtiges Bild gebrauchen. Oder sie wollten meine Gefühle nicht verletzen, indem sie mir sagten, was sie wirklich von dem Bild hielten. Ich habe jedenfalls relativ schnell gemerkt, dass mir die Malerei nicht liegt.

Aber der Wunsch, der sich damals – nach meinem Autounfall und erst recht nach dem Badeunfall – festgesetzt hatte, hatte immer noch Bestand. Irgendetwas zu machen, an das man sich vielleicht auch in 100 Jahren noch erinnern würde. Etwas, das noch jemanden interessiert, selbst wenn ich nicht mehr da sein sollte. Dabei war gar nicht so sehr der Gedanke vorherrschend, dass ich möglicherweise zu etwas Höherem berufen wäre. Nein, es war eine Art Selbstverurteilung: Was hast du eigentlich aus deinem Leben gemacht?

Ich hatte in den Jahren immer wieder versucht, Songtexte zu schreiben. Gerade in der Zeit mit meiner großartigen Band Grundlos. Ich hatte eine ganze Schublade voll mit mehr oder weniger gelungenen Versuchen. An einem Abend wühlte ich in dieser Schublade herum und suchte mir die Texte heraus, die nicht ganz so furchtbar waren. In einer nächsten Runde, nach mehrfachem Lesen, filterte ich diejenigen heraus, die man vielleicht sogar als gut bezeichnen konnte. Ja, warum eigentlich nicht? Zu ein paar Texten fiel mir sogar eine Melodie ein. Ja, das könnte funktionieren. Bis spät in die Nacht feilte ich herum, suchte Wörter, tauschte Reime aus und ordnete die Rhythmik der Zeilen. Mir wurde bewusst, dass es so funktionieren könnte. Was mit Grundlos nicht zusammenlief, könnte ich vielleicht alleine machen. Eine eigene CD.

Am nächsten Morgen holte ich mir schließlich die Gelben Seiten und suchte nach Tonstudios. Ich fand auch eines, Hubertys-Music. Offenbar das einzige Tonstudio in Dinslaken. Und nach Duisburg oder Oberhausen wollte ich nicht fahren. Also tippte ich die Nummer auf meinem Telefon, und der Mann am anderen Ende der Leitung war sofort begeistert, als ich ihm erzählte, dass ich gerne eine CD aufnehmen wollte, um meinen Verwandten und der Nachwelt etwas zu hinterlassen. Ich nehme mal an, ein Großteil seiner Begeisterung war dem Umstand geschuldet, dass das nicht ganz billig werden würde. Wieder so ein Depp, der eine CD aufnehmen möchte.

Wir vereinbarten einen Termin zum Kennenlernen. Am nächsten Tag fuhr ich mit mächtigem Bauchkribbeln ins Tonstudio. Klar, eigentlich ist das nicht anders, als wenn man zum Friseur oder zur Massage geht: Ich zahle, er dienstleistet. Aber irgendwie ist das Singen vor anderen und der Gedanke, etwas zu tun, was auch die ganz großen Stars tun, schon etwas sehr Spezielles.

Das Tonstudio lag im Keller eines Privathauses. Es schien ganz ordentlich ausgestattet zu sein. Alles, was man sich als Laie vorstellte, war da: ein riesiges Mischpult mit vielen Reglern und Drehknöpfen, mehrere Keyboards und Geräte mit Digitalanzeige und Tasten, dazu ein Computer. Und im Nebenraum, der scheußlich tapeziert war, stand neben einem Gummibaum das ominöse Mikrophon hinter der Glasscheibe. Eine Traumwelt für den Wendler. Der Toningenieur schlug vor, dass wir doch gleich anfangen sollten. Da ich weder Noten lesen kann noch ein Instrument ernsthaft beherrsche, sang ich ihm die Melodie einfach vor. Er bastelte dann an seinem Computer und dem Keyboard ein Arrangement zusammen. Das gefiel mir. Dann ging es los: Ich sollte meinen Text singen. »Nie mehr, ooooh, nie mehr möchte ich einsam sein ...« Wir brauchten nur drei Anläufe, dann hatten wir das Ding im Kasten.

Und ich hatte meine Berufung gefunden.

Das Singen dieses lapidaren Textes zu einem gleichförmigen Rhythmus aus dem Computer im Kellerstudio Hubertys-Music in Dinslaken hatte mir so viel Spaß gemacht, dass ich mehr wollte. Ich hatte ja noch einige Lieder mehr herausgesucht und bearbeitet, aber mehr als acht würden es kaum werden. Ich wollte ein ganzes Album, eine CD mit zwölf Titeln. Damals musste man noch mindestens 1000 Stück abnehmen, und das kostete.

Der Chef bei Hubertys veranschlagte rund 20 000 Mark. Ich löste deshalb meinen Bausparvertrag auf, arbeitete nächtelang fieberhaft an den fehlenden drei, vier Stücken. Nach etwa zwei Wochen war es so weit: Ich ging ins Tonstudio und summte dem Toningenieur meine Melodien vor. So entstehen bis heute meine Lieder. Ein Titel baut sich ja immer gleich auf. Strophe, Refrain, Strophe, Refrain und so weiter. Bis heute schreibe ich zuerst einen Text und hoffe darauf, dass mir dazu schon eine Melodie einfallen wird. So vergingen einige Wochen. Immer wenn ich einen Titel rund hatte, ging ich ins Kellerstudio und sang die Melodie vor, der Toningenieur bastelte das Playback, und dann sang ich den Titel ein. Irgendwann hatten wir die zwölf Stücke beisammen und meine CD wurde gepresst. Eine krude Mischung aus schnellen Liedern und Balladen, textlich völlig Banane und mit einer aus heutiger Sicht sehr leeren und stümperhaften Instrumentierung. Aber es war meine erste CD. In einer Auflage von 1000 Stück. Für die Nachwelt. Ich gab ihr den Titel *Alles nur aus Liebe*.

ES GEHT LOS

Meiner Mutter habe ich es zu verdanken, dass endlich etwas voranging. Sie nahm sich eines Tages ein Herz sowie meine CD in die Hand und gab sie Jürgen Renfordt bei der letzten Schlagergala, ohne dass ich davon wusste oder es hätte verhindern können.

Renfordt war und ist in Nordrhein-Westfalen ein recht bekannter Produzent für Schlager und moderiert im WDR4 die Schlagersendung *Musikpavillon*. Außerdem hatte er in den Achtzigerjahren einige riesige Hits im Schlagerbereich. *Zu verkaufen: ein schneeweißes Brautkleid* verkaufte sich mehr als eine Million Mal. Ebenfalls sehr populär war damals das Lied *Du hast ihre Augen*. Er nahm dreimal (1981, 1984 und 1985) am deutschen Vorentscheid zum Grand Prix teil. Ein echter Star der Szene.

Einige Tage später rief er an. Jürgen Renfordt höchstpersönlich. Er erzählte mir, dass er sich die CD angehört habe und meine Stimme ganz nett fände. »Die Produktion ist allerdings Scheiße«, befand er trocken. Nun, das hatte ich befürchtet. Was sollte man von einem

Dinslakener Keller mit Hobby-Tontechniker auch erwarten? Aber dann sagte Renfordt noch, dass er gerne eine neue Produktion mit mir machen würde und ob ich denn ein neues Lied hätte. Hatte ich natürlich, denn nach meinem ersten Studio- und Gesangserlebnis hatte ich nie aufgehört, Texte zu schreiben und im Geiste zu komponieren. Ich war längst besessen.

So kam Jürgen Renfordt nach Dinslaken. In das einzige mir bekannte Tonstudio. Das war schon eine Sensation, denn der große Jürgen Renfordt, das war eine andere Welt. Die Welt der Profis. Mein Studioteam war aus dem Häuschen. Ich habe ihm dann mein neues Stück *So wie der Wind sich dreht* vorgesungen. Renfordt packte mich in sein Auto und wir fuhren nach Köln, wo wir die Produktion in seinem Studio fertig machten: meine erste professionelle Studioproduktion.

Es hatte sich gelohnt. In den folgenden Wochen wurde das Ding zu einem riesigen Erfolg. Es wurde auf WDR4 gespielt – sicher auch, weil es Jürgen Renfordt produziert hatte. Aber zum ersten Mal tauchte in diesem April 1998 eben auch der Name Michael Wendler in der Öffentlichkeit auf. Ich wurde gespielt und auch als Studiogast zum WDR eingeladen.

Es dauerte nicht lange, da vermittelte mir Renfordt meinen ersten Schallplattenvertrag. Leider hatte ich keine Ahnung vom Geschäft, was sich später rächen sollte. Aber unterschrieben hätte ich ohnehin alles. Ein eigener Plattenvertrag, da liest man nicht lange im Kleingedruckten herum. Ich fühlte mich großartig. Für mich war die Karriere jetzt gestartet und nicht mehr aufzuhalten. Ich dachte jedes Mal, wenn mein Lied auf WDR4 lief, dass jetzt die Millionen reinkommen würden.

Aber die kamen nicht. Es kam gar nichts.

Trotzdem gab ich nicht auf. Als Nächstes nahm ich die »Deutsche Schlagertrophäe 1998« in Angriff. Der Verband Deutscher Musikschaffender (VDM) hat diesen Wettbewerb für Texter und Komponisten in den Neunzigerjahren begründet. Vor allem Klaus Quirini und seine Frau Helga taten sich dabei hervor. Die beiden beraten ansonsten mit ihrem VDM junge Musiker und klären sie über die Zusammenhänge im Musikgeschäft auf. Außerdem erklären sie, wie man mit Musik Geld verdienen kann.

Klaus Quirini ist im Übrigen eine recht eindrucksvolle Gestalt im deutschen Musikwesen. Er wurde am 19. Oktober 1959 zum ersten DJ in Deutschland und machte das Lokal Scotch Club – Jockey Tanzbar in Aachen zur ersten deutschen Diskothek. Quirini sollte als junger Journalist der *Neuen Ruhr-Zeitung* über die Eröffnung berichten. Damals war es in solchen Lokalen üblich, dass die Musik live gespielt wurde. Das war teuer, und so verlegte man sich im Scotch Club auf das Abspielen von Schallplatten. Ein Kölner Opernsänger sollte das am Eröffnungsabend übernehmen, machte seine Arbeit aber wohl so langweilig, dass der Besitzer auf den herumlästernden Quirini zukam und ihn aufforderte, es doch selbst zu versuchen. Quirini war in Stimmung, hatte gerade den ersten Whisky seines Lebens getrunken und sagte zu. »Krempeln Sie die Hosenbeine hoch, wir lassen Wasser ein, denn *Ein Schiff wird kommen*« – so kündigte Quirini die Musikstücke an, wurde begeistert beklatscht und hatte ein neues Berufsbild geschaffen. Eines, das auch mir später noch sehr nützlich werden sollte.

Jetzt aber war er für mich vor allem als Mentor wichtig, als Veranstalter dieser Schlagertrophäe. Die fand jedes Jahr in Aachen statt und galt als wichtigster deutscher Talentwettbewerb, bei dem auch in diesem Jahr über 1000 Leute im Saal mit dabei waren. Natürlich auch für den Wendler das größte Publikum bis dahin. Sehr groß war damals außerdem auch mein Selbstbewusstsein. Ich war mir sicher, dass ich gewinnen würde. Ansonsten hätte ich wohl gar nicht teilgenommen. Der große Erfolg von *So wie der Wind sich dreht* hallte noch nach und mein neues Stück, mit dem ich in Aachen in den Wettbewerb ging, hieß *Die Seele brennt*. Insgesamt 20 Interpreten stellten sich dem Publikum, jeder hatte seine Fans dabei. Meine Fans waren meine Mutter und mein Vater. Trotz der kleinen Anzahl Fans war ich sehr sicher. Ich war irgendwann in der Mitte dran, und als alle fertig waren, ging es zügig zur Stimmenauszählung. Wählen durfte jeder, der im Saal war. Während gewählt und gezählt wurde, sang Michelle zwei Lieder, um die Wartezeit zu überbrücken. Da klopfte mein Herz schon fast mehr als bei meinem eigenen Auftritt. Denn ihre Darbietung – sie war 1998 auf dem Höhepunkt ihrer Karriere – zeigte mir die Welt, in die ich wollte. Sie war regelmäßig im Fernsehen zu sehen, hatte schon richtige Hits gehabt und war weit von dem entfernt, was ich momentan darstellte. Ich blickte gebannt nach oben. Noch.

Die Auszählung war beendet und was ich soll ich sagen: Ich hatte gewonnen! Ein riesiger Goldpokal war das sichtbare Ergebnis meines Sieges. Aber natürlich hoffte ich, dass sich dieser Sieg auch anderweitig auszahlen würde.

WENDLER AUF TOUR(EN)

Es ließ sich wirklich gut an. Quasi von der Bühne in Aachen weg wurde ich von einem Diskothekenbesitzer engagiert. Der bot mir 300 Mark für einen Auftritt. Schon eine Woche später war es so weit, in der Diskothek Holiday in Aachen. Der Laden war brechend voll und die Leute waren schon ziemlich angeschickert, als ich kam. Ich hatte nur drei Lieder dabei, die einzigen drei, die ich bis dahin professionell produziert hatte: *So wie der Wind sich dreht, Die Seele brennt* und dazu *Dann wird die Welt wahrscheinlich untergeh'n.*

Ich sang Vollplayback, was ich in der Anfangszeit fast immer tat. Ich hatte Angst davor, live zu singen. Erst seit einmal bei einem solchen Auftritt eine CD hängen blieb und ich mich unglaublich blamierte, begann ich live zu singen.

Nach zehn Minuten waren die drei Songs durchgelaufen, ich war durchgeschwitzt und völlig fertig, aber es machte riesigen Spaß. Denn die Leute waren total begeistert, feierten mich, wenn ich auch den Verdacht hatte, dass sie auch deswegen johlten, weil ich für sie den Deppen der Nation gegeben hatte. Weil ich keine weiteren Titel hatte, »sang« ich die CD noch einmal durch und dann gleich noch einmal. Dieser Auftritt hat alles verändert. Wäre ich dafür nicht gebucht worden, dann wäre Michael Wendler in seiner heutigen Form wohl nicht existent. Denn ich habe hier auch gemerkt, dass ich andere Lieder brauche. Die Begeisterung der Leute bestärkte mich darin weiterzumachen. Wäre der Auftritt gefloppt, hätte ich wohl meine Karriere beendet. Oder ich hätte so weitergemacht, wie es Jürgen Renfordt gerne gesehen hätte: Mit Radiomusik, mit konservativem Schlager, mit langweiliger, verstaubter Großmutter-Musik.

Das wollte ich nicht. Ich wollte die Leute mitreißen, zum Ausrasten bringen. Ich wollte etwas Neues machen, und so wurde hier der Grundstein zu meiner größten Leistung gelegt: die Erfindung des Pop-Schlagers.

Bald nach diesem Auftritt hatte ich weitere Songs produziert, denn die Richtung war nun klar. Discofox, diskothekenfähige Songs mussten es sein. Sechs bis sieben davon waren später auf meinem neuen, meinem ersten richtigen Album – aber das sollte noch über ein Jahr dauern. Ich versuchte, meinen Erfolg bei der Deutschen Schlagertrophäe auszuschlachten. Aber die DJs und die Diskothekenchefs waren davon ziemlich unbeeindruckt. Ich verschickte *Die Seele brennt* kreuz und quer durchs Ruhrgebiet – ohne Erfolg. Keiner wollte den Wendler buchen. Man braucht wohl ein ziemlich solides Selbstvertrauen, um da nicht zu verzweifeln. Ich habe aber nie aufgehört, an mich zu glauben. Heute weiß ich selbst nicht warum, denn die Titel waren wirklich nicht so großartig, dass man vor Begeisterung in die Hände hätte klatschen müssen.

Dann erlebte ich noch eine ziemliche Pleite. Ich hatte ja diesen Plattenvertrag mit dem kleinen Label CARAT unterschrieben. Leider auch ein Reinfall, denn dieser Vertrag war eine Abzocke. So empfand ich das damals. Ich hatte quasi alle Rechte abgegeben und sollte dafür nur mickrige Anteile an den Verkäufen bekommen. Bis heute habe ich keinen Cent oder Pfennig von CARAT erhalten. Richtig bewusst wurde mir das erst nach einem Gespräch mit Klaus Quirini. Der hat mir erst mal grundsätzlich erklärt, worauf man achten muss, wenn man mit Musik Geld verdienen will. Ich wurde GEMA-Mitglied und Mitglied der Gesellschaft zur Verwertung von Leistungsschutzrechten (GVL). Erst dadurch kam ich in die schöne Lage, immer dann Geld zu bekommen, wenn meine Titel im Radio gespielt wurden. Zwischen 15 und 30 Euro sind das heute, damals war es ein entsprechender DM-Betrag. Auch Diskothekenbesitzer müssen Geld an die GEMA abführen, und auch aus diesem Pott bekommt man als Künstler etwas ab. Da ich damals – wie heute auch noch – alle meine Songs selbst schrieb, komponierte und dann sang, läpperte sich das. Wenngleich damals auf bescheidenem Niveau.

Klaus Quirini war sprachlos, als er den Vier-Seiten-Vertrag durchsah, den ich da im Überschwang der eigenen möglichen Star-Karriere unterschrieben hatte. Drei Titel produzierte ich noch für CARAT. Glücklicherweise hatten die damals einen recht alten Chef, der kurz vor der Pensionierung stand und mit dem man reden konnte. So habe ich es geschafft, aus dem Vertrag zu kommen. Nach dieser Erfahrung gründete ich schon 1999 mein eigenes Label, die CNI Records.

Eines Tages kam dann ein Lichtblick. Mein Vater hatte mein Management übernommen, was immer das damals auch bedeutete. Er war hauptberuflich weiterhin mit seiner Spedition befasst und wollte das Wochenende am liebsten auf dem Sofa verbringen. Keine guten Voraussetzungen, um mich vernünftig voranzubringen. Jedenfalls kam er irgendwie in Kontakt mit dem Einkaufsmanager der großen Diskothekenkette Fun/Lollipop. Die hatten damals schon etwa 40 Läden in Deutschland. Endlich wirkte sich die herausragende Eigenschaft meines Vaters, nämlich Leute um den Finger wickeln zu können, positiv für mich aus: Der Einkaufsmanager ließ sich erweichen und willigte ein, mir für kleines Geld immerhin 40 Auftritte zu garantieren. Das meiste Geld ging für Sprit und Hotel drauf, denn das hatten wir natürlich nicht eigens verhandelt. Aber für mich war die Sache trotzdem großartig, denn mit einem Schlag war der Tourplan voll. Für mich war es ein Wunder, dass überhaupt jemand bereit war, für meine Musik Geld auszugeben.

Es ging also los nach Lüneburg, Osnabrück, Königswinter, Münster oder Sindelfingen. Überall, wo eine Filiale dieser Franchise-Disco-Kette aufgemacht hatte, trat der Wendler auf. Der Erfolg war durchwachsen. Mal waren hundert Leute da, die ordentlich mitgingen, mal nur zehn – und dann war die Stimmung entsprechend beschissen. Aus dieser Zeit kommt eine Urangst, die ich heute noch habe. Auch wenn mittlerweile klar ist, dass die Bude voll ist, wenn der Wendler kommt, so beschleicht mich jedes Mal wieder dieses ungute Gefühl: Hoffentlich kommt jemand. Lieben die mich? Buhen die mich aus? Vielleicht kommt keiner wegen dir, vielleicht will dich keiner sehen.

Damals kamen oft sehr wenige Zuhörer, und die waren schwer zu begeistern. Eine Dreiviertelstunde Wendler mit seinen selbst komponierten Liedern, und damals war das ja noch nicht von einem Höhepunkt zum nächsten. Ich habe einfach alles gesungen, was ich hatte, und da waren, beschönigend gesagt, auch einige megagrottige Y- und Z-Titel dabei. Seinen Erfolg und den Marktwert erkennt man auch an der Zahl der sogenannten Rebookings. Wenn man die Garberobe nachts verlässt, dann ist es toll, wenn schon der Manager dasteht und sagt: »In drei Wochen will ich dich hier wiedersehen!« Es stand nie einer da, keiner wollte mich wiedersehen, niemand ein zweites Mal buchen.

MEIN REZEPT: PENETRANZ UND HARTNÄCKIGKEIT

Ich habe keine Ahnung, wie ich diese Zeit verkraftet habe. Ich habe so sehr an mich geglaubt, fand mich so toll und fand es riesig, überhaupt singen zu dürfen, dass ich trotz allem alles gegeben habe. Ich suchte mir Gründe, suchte Ausreden. Mal war es der Regen, der die Leute vom Kommen abhielt, mal versagte die Technik, sodass meine Auftritte nicht so rüberkamen, wie ich mir das vorstellte. Aber ich machte auch tatsächlich Fehler. Das war rückblickend das Gute an dieser schweren Zeit: dass ich die Fehler erkannte und abstellte. Ich würde heute niemals mehr in einer Diskothek die Hausanlage benutzen. Ich reise immer mit meinem eigenen Team.

Ich habe mir also ein eigenes Technikteam zusammengebaut, habe ein Highlights-Programm entwickelt, Titel gefunden, die die Leute mitreißen, und um jeden eine kleine Geschichte gestrickt. Auch die Optik habe ich enorm verbessert. Damals, in der Anfangszeit, war ich beim Hochzeitsausstatter gewesen und hatte mir drei Anzüge maßschneidern lassen. In Silber und in Weiß – so richtig alte Schlagerwelt. Das konnte ja nicht funktionieren!

Am wichtigsten aber war es wohl, gegen alle Widerstände immer neue Songs zu produzieren. Ich hörte einfach nicht auf. Immer wieder ließ ich mich bei meinen Auftritten inspirieren, setzte mich dann zu Hause hin und strickte meine Texte aus dem, was ich erlebt und gehört hatte. Ich schaffte es, allein 1999 drei Singles zu produzieren und auf den Markt zu werfen. Im April *Die Seele brennt*, im Juli *Raketen in die Nacht* und im September dann *Vater & Sohn*.

Auch wenn mich keiner der 40 Fun/Lollipop-Diskothekenchefs wiedersehen wollte, es fand sich immer wieder einer, der sich auf das Thema Michael Wendler einließ. Dennoch war das Jahr 2000 eine einzige Durststrecke. Ich brachte es lediglich auf ein oder zwei Auftritte im Monat, nachdem ich im Jahr 1999 noch sensationelle 60 Auftritte hatte.

Ich verlegte mich auf die »Handbemusterung«, ging also selbst in die Diskotheken und drückte den DJs meine neuesten Singles in die Hand. Der eine oder andere Song wurde dann auch regelmäßig gespielt. Meine Penetranz und meine Hartnäckigkeit machten mich berühmt und berüchtigt. Wenn es darum ging, auf die Schnelle einen Künstler zu verpflichten, dann hieß es in ganz NRW: »Buch doch den Wendler, der kommt für kleines Geld und der hat zwei, drei Nummern im Discofox, die ganz gut laufen.« Nach der Show verkaufte ich dann fünf, sechs CDs, dazu lief im Radio noch ab und zu *So wie der Wind sich dreht*, was auch immer ein paar Mark einbrachte. Und alles, was ich einnahm, floss sofort wieder in das Projekt »Michael Wendler«. So hatte ich es im Januar 2000 geschafft, endlich die zweite CD herauszubringen. Mein erste richtige, denn das im Keller von Dinslaken zusammengeschusterte Ding wollen wir nicht werten.

KAPITEL 8

LERNPROZESS

Dass es anfangs nicht lief, lag an vielen Dingen. Ich machte wirklich jeden Fehler, den man sich vorstellen kann. Andere Kollegen hatten den Vorteil, dass sie schon mit der Branche zu tun hatten. Wie zum Beispiel Dieter Bohlen, der jahrelang bei einem Schallplattenverlag gearbeitet hat. Dem konnte keiner was vormachen. Mir konnte jeder alles erzählen. Andere waren als Roadie tätig gewesen oder hatten einen guten Freund, der ein Tonstudio hatte. Mich managte mein Vater, ein ungelernter Hilfsarbeiter und nun Pleite-Spediteur, der montags wieder im Büro sitzen und disponieren musste. Für mich war alles neu, und wovor andere durch Wissen und gute Beratung gewarnt waren, da rauschte ich voll rein. Immer auf die Fresse. Aber der Wendler stand auch immer wieder auf.

Mit meinen maßgeschneiderten Hochzeitsanzügen sah ich aus wie ein singender Bräutigam, aber damals fand ich das edel. Auch ich hatte seinerzeit um die Jahrtausendwende immer noch diesen »alten Schlager« im Kopf. Das hört man auch bei meinem ersten Album, *Alles nur aus Liebe,* aus dem Kellerstudio in Dinslaken. Es hatte keine Richtung, es waren zu viele Lieder unterschiedlicher Machart drauf – konservativer Schlager, Rock-Pop und auch schon ein wenig Pop-Schlager. Der Wendler war am Anfang im wahrsten Wortsinne »Stil-los«. Zum Schütteln!

Kein Wunder, dass ich auch noch keine Fans hatte, denn mein musikalischer Charakter war überhaupt nicht ausgeprägt. Die

Menschen konnten mir ja gar nicht nahekommen. Fans brauchen einen starken Charakter, der für sie ein Vorbild ist, den man anhimmeln kann, weil er etwas noch nie Dagewesenes darstellt.

Auch die Produktionen waren noch sehr schlecht. Der Beat und die Rhythmik sind das Wichtigste, wenn man live auftritt. Derlei Dynamik hatten viele meiner Lieder noch gar nicht. Im Radio hören sich die Leute das gerne an, einen Schlager, der einfach so dahinplätschert und die Hausfrau nicht beim Bügeln stört. Auch die Moderatoren respektive die Musikredakteure der Sender spielen solche Musik gern. Nicht umsonst wird mancher Sender abschätzig »Dudelfunk« genannt. Aber live, verschwitzt und heiser, in der stickigen, aufgeheizten Discoluft, im Kopf viel Alkohol und wenig Sorgen, da wollen die Leute mitgerissen werden. Das alles wusste ich damals noch nicht. Es war ein enormer Lernprozess.

Im Hinterkopf hatte ich immer meinen ersten Auftritt im Holiday in Aachen, im Oktober 1998. Das war super. Ich hatte zwar nur drei Lieder, aber ich gab Vollgas. Ich sang mit so viel Herzblut, dass die Leute gar nicht anders konnten als mitzugehen. Das musste der Weg sein. Damals hatte ich keinen Hochzeitsanzug an, sondern Jeans und Hemd. Ich wusste also, wohin ich wollte, aber mir fehlten dafür noch die Titel. Es verging ein gutes Jahr mit Herumprobieren und Austesten. Und finanziell musste ich immer sehen, wo ich bleibe.

Ende 1999 hatte ich dann endlich das Geld und das Material zusammen, um ein zweites Album anzugehen. Es sollte mein erstes professionell produziertes Album werden, teilweise mit Liedern aus der kurzen unerfreulichen, aber erfahrungsreichen Zeit bei CARAT. Ich gab ihm den sehr vielsagenden Titel *Alles oder nichts*, denn wieder hatte ich Gefühl, der Erfolg dieses Werkes würde mich entscheidend vorwärtsbringen – oder mich endgültig erledigen. Das Album erschien im Januar 2000 und war ein musikalischer Gemischtwarenladen mit vielen Balladen, die live überhaupt nicht einsetzbar waren. Damit konnte ich noch nicht viel reißen, nicht mal bei meinen Auftritten in Vorprogrammen in irgendwelchen Stadthallen. Es ist auch nicht viel passiert. Aber jede Mark, die ich damals durch Auftritte oder sporadische CD-Verkäufe hereinbekam, wurde sofort in das Projekt »Michael Wendler« reinvestiert. Im Juni 2001 erschien dann *365 Tage*, mein drittes Album, und damit ging eine Tür auf.

Es war: Die Geburt des WENDLER.

Hier war der Wendler zum ersten Mal in der Form zu hören, die es sein sollte. So wollte ich mich haben, jetzt wusste ich, in welche Richtung ich zu gehen hatte. Discofox und Pop-Schlager zogen sich durch das ganze Album. Die Singles *Das ist ja wohl ein Ding* und *Das haut mich um* waren richtungsweisend, und auch ein Lied wie *365 Tage* wird noch heute gerne gespielt. Mit diesem Album bin ich allerdings auch wieder übers Ziel hinausgeschossen. Ich musste mich also nach beiden Seiten erst ein wenig auspendeln. Es ging teilweise schon in den Techno-Schlager über, aber das war etwas zu viel. Wie ich halt so war, hatte ich wieder am Markt vorbei produziert, denn mit Techno-Schlager kamen viele überhaupt nicht zurecht. Dennoch hatte ich etwas gemacht, das es noch nie zuvor gegeben hatte.

Gott sei Dank hatte ich auch einige Sachen im Discofox-Stil auf der CD, und die wurden zu den ersten Diskotheken-Bomben und wurden rauf und runter gespielt. In dieser Zeit habe ich die Leute zugeknallt, habe geschrieben wie ein Wahnsinniger, vieles weggeschmissen, aber das, was übrig blieb und was ich für gut hielt, das habe ich auch vehement weitergetrieben. Von DJs hörte ich immer wieder: »Alter Schwede, jetzt läuft sich die Neue vom Wendler gerade erst warm, da kommt er schon wieder mit 'nem neuen Titel um die Ecke.« Ich ging immer noch selbst zu vielen DJs und pries meine Lieder an, aber ich hatte mittlerweile auch eine Agentur gewonnen, sodass immer mehr DJs und Radiostationen regelmäßig beliefert wurden. Langsam kam der Wendler-Express ins Rollen, wenn auch sehr langsam und in allen Teilen ächzend.

Ich arbeitete so besessen, dass ich gar keine Zeit hatte, mir Sorgen zu machen – auch wenn es nach wie vor eher mau lief. Bei meinen Auftritten konnte ich immer wieder ein paar CDs verkaufen. Ein großer Schritt war die Kontaktaufnahme zum Musikvertrieb DA Music aus Diepholz. Die haben CNI Records 2001 als freies Label aufgenommen und unsere CDs endlich auch flächendeckend in die Läden gebracht, auch zu Saturn oder Media Markt. Wir haben ihnen CDs rübergeschaufelt und tatsächlich kam monatlich eine schöne Abrechnung, so zwischen 1000 und 2000 Mark. Es wurden also immer irgendwo ein paar CDs gekauft, ohne dass mich jemand wirklich kannte.

PERSPEKTIVEN

Das Jahr 2002 brachte so einiges für mich. Zunächst einmal das nächste Album. Es hieß *Außer Kontrolle*, und mit dieser CD haben wir erreicht, dass kein DJ mehr an Michael Wendler vorbeikommen konnte. Jedes weitere Album bedeutete einen Fortschritt im textlichen Bereich wie auch bei den Kompositionen, die ich nach wie vor alle selbst machte. Es kam eine immer größere Kommerzialität in die Angelegenheit, die sich einerseits in den Auftritten und Verkäufen auszahlte. Aber ich verlor mehr und mehr das Radio als Plattform, weil die den Bumm-Bumm-Wendler nicht spielen wollten. Das war aber zu verschmerzen, weil die steigenden Auftrittszahlen die weniger werdenden Rundfunkeinnahmen mehr als ausglichen.

Ich wurde langsam unantastbar. Wer wollte mich kritisieren? Weil ich alles selbst machte, vom Songtext bis zur eigenen Plattenfirma, war ich in einer tollen Position. Da kam dieser junge, freche, aufstrebende Künstler, der alles selbst schrieb und alle zwei Monate eine Single auf den Markt schmiss. Der durch dieses Überangebot und die Penetranz die komplette Szene der Diskotheken auf den Kopf stellte. Denn die Politik der großen Schallplattenfirmen war damals ganz anders: Da gab es pro Jahr und Künstler eine Single und ein Album.

Ich legte eine Präsenz an den Tag, die viele wunderte. Aber ich merkte auch, wie viele nach einem wie mir gierten. Endlich war da mal einer, der den Laden aufmischte und endlich mal was Neues brachte. So wurde ich in den Himmel gehoben.

Aber es war auch harte Arbeit. Jeder Auftritt außerhalb von Wendler-Land war eine Expedition ins Ungewisse. Im Juni 2002 trat ich zum Beispiel beim Seefest in Stralsund auf. Hier kannte mich niemand. Zwar hatten mich etwa 20 Fans aus der Heimat begleitet, die auch ordentlich Alarm machten, aber die anderen Gäste saßen an ihren Biertischen und blickten mich mit einer Mischung aus Verwunderung, Misstrauen und Spannung an. Nach und nach füllte sich immerhin die Tanzfläche, aber den Großteil konnte ich nicht überzeugen. Die Leute blieben auf den Plätzen hinter ihrem Bier kleben. Schon frustrierend. Solche Auftritte gab es viele. Am nächsten Tag hatte ich in Stralsund noch einen weiteren Auftritt, diesmal in einer Diskothek. Als ich anfing, verliefen sich genau drei Leute auf der Tanzfläche. Auch hier schaffte ich es wieder, diese Zahl enorm zu steigern: Das heißt auf vielleicht zehn, dann zwanzig. Aber insgesamt war das wieder mal eine sehr ernüchternde Reise.

Es gibt noch einen Punkt, den ich anders machte als die verstaubten Altstars. Ich habe mir von Anfang an überlegt, was ich auf der Bühne anders machen kann. Wie kann ich mich darstellen? Ich habe da viel internationaler gedacht als meine Kollegen. Ich war der Erste, der Pyrotechnik in seiner Show einsetzte, der es ordentlich feuern und krachen ließ. Ich war der Erste, der mit Tänzern auftrat. Tänzer, die eine eigene Choreografie zu jedem Song ausarbeiteten. Früher gab's das im Schlager ja nicht, allenfalls hat sich das Fernsehballett im Hintergrund ein wenig verrenkt. Das sah bei jedem Interpreten gleich langweilig aus. Was ich sagen will: Es kostet Zeit, Geld und Mühe, neue Wege zu gehen – aber es lohnt sich.

Schon im September 2001 hatte ich zudem mein erstes eigenes Hallenkonzert veranstaltet. Und damit eine Tradition begründet, die bis heute anhält. Da haben die Leute auch erst gesagt: »Jetzt ist er nicht mehr ganz dicht.« Anfangs mietete ich noch die Stadthalle Duisburg-Walsum, so einen typischen Siebzigerjahre-Klotz mit verstaubtem Ambiente, wo sonst die Karnevalsgesellschaft Grün-Weiss Walsum oder der Bürger-Schützen-Verein Aldenrade Fahrn von 1837 e. V. ihre Versammlungen abhalten. Aber es passten gut 1200 Leute rein, und diese Zahl hatten wir ab 2003 eigentlich immer. Deshalb entschloss ich mich ab 2005, in die Arena nach Oberhausen mit ihren immerhin 13 000 Plätzen umzusiedeln. Da sagten dann die Leute wieder: »Jetzt ist er größenwahnsinnig.« Aber auch die Arena ist jedes Jahr im September ausverkauft.

Schließlich habe ich den Begriff des Pop-Schlagers erfunden und damit der Szene eine völlig neue Rangordnung gegeben. Ich unterteile den Schlager in vier Bereiche:

- Den Wendler: den Pop-Schlager, tanzbare treibende Musik, die mitreißt, eben der Discofox,
- den Party-Schlager, also die Mallorca-Nummer mit Titten, Arsch und Sangria,
- den konservativen Schlager (heile Welt, Radiogedudel)

und natürlich

- die Volksmusik.

Meiner Ansicht nach sind diese Sparten so unterschiedlich und nicht miteinander vergleichbar, dass ich mich einerseits schon freuen würde, wenn man sie nicht immer in einen Topf schmeißen würde. Andererseits wäre es absolut notwendig, dass es für jeden dieser Bereiche zum Beispiel einen eigenen Echo gibt.

Eine Verbesserung habe ich immerhin schon erreicht. Dank meiner ständigen Interventionen und den Eingaben vieler Fans, die ich dazu angestachelt habe, hat mein Heimatsender WDR4 mittlerweile eingesehen, dass der Pop-Schlager eine Berechtigung hat. Sie nahmen eine Sendung ins Programm, in der der Pop-Schlager seinen legitimen Platz erhält. Im normalen Rundfunk werden wir ja ignoriert, aber Samstagnacht in *Rhythmus der Nacht* kann man sich mehrere Stunden lang von der magischen Kraft des Pop-Schlagers überzeugen.

MEINE ARMEE

Spätestens mit dem Erscheinen von *365 Tage* im Juni 2001 merkte ich, dass sich langsam Menschen für mich interessieren. Es bildete sich eine Fanbasis für den Wendler.

Damals fand noch alle paar Monate im Düsseldorfer Musikdorf der vom Promoter Siggi Arden begründete Künstlertreff statt. Seit 1997 gab es diese Veranstaltung, die damals für viele junge Künstler wie mich ein schönes Forum war. Man sang zwar ohne Gage, traf dafür aber Menschen aus der Branche, die wichtig waren. Vom Tonmann bis hin zum Boss der Plattenfirma. Und man konnte seine neuen Lieder einer kleinen Öffentlichkeit präsentieren und damit sich selbst und die Songs testen. Denn das ist ja das größte Problem für alle Neueinsteiger: Wo trete ich auf? Ich habe dort sehr schnell gemerkt, dass ich mich von den anderen abhob. Die meisten waren ganz okay, aber eben irgendwie farblos. Sobald sie von der Bühne runter waren, waren sie vergessen.

Bei einem dieser Künstlertreffs im Sommer 2001 habe ich dann zum ersten Mal bemerkt, dass unter den 400 Leuten sehr viele nur meinetwegen da waren. Die mich bejubelten, die Texte kannten und »Zugabe« brüllten, als mein viertelstündiger Auftritt vorbei war. Ich trat dort alle drei Monate auf, und jedes Mal waren es mehr, jedes Mal wurden sie lauter.

Zu meinem ersten Fernsehauftritt kurz danach beim *ZDF-Fernsehgarten* in Mainz wurde ich sogar schon von vielen Fans begleitet. Ich merkte sehr schnell, wie wichtig es ist, seine Fans gut zu behandeln. Das war mir von Anfang an ein großes Anliegen. So zog ich mich nicht zurück und versteckte mich auch nicht hinter die Bühne, sondern setzte mich wie selbstverständlich in die

Gruppe der Schlachtenbummler, die meist über 200 Kilometer bis nach Mainz gefahren waren. Nur um mich drei Minuten lang *Nicht mehr in diesem Leben* singen zu hören. Diese Nähe wurde mein Markenzeichen.

Da zündete die nächste geniale Idee: Der Wendler wird ein Star zum Anfassen.

In der Schlagerszene behandeln viele Stars ihre Fans sehr lieblos. Es gibt da einen anderen Schlagersänger aus dem Ruhrgebiet, von dem ist die Geschichte überliefert, dass er zu seinem Bodyguard sagte: »Halte mir das asoziale Pack vom Leib.« Nur weil sie ein Autogramm von ihm wollten. Seine Fans sind ihm wohl auch nur gut genug, ihm zuzujubeln und seine Gage zu bezahlen.

Das konnte so nicht funktionieren, schon gar nicht beim Wendler. Denn die Fans kaufen die CDs und die Fans sorgen dafür, dass der Künstler gebucht wird. Wie also würde es mir gelingen, immer mehr Menschen für mich zu begeistern? Wie kann man es schaffen, eine Fanbasis aufzubauen und einen Fanklub zu organisieren, der zum Mitmachen anregt und mich, den Künstler, nach vorne bringt?

Ich wollte nichts weniger als den größten Fanklub Deutschlands aufbauen. Bei einem Auftritt kam ich mit Annett ins Gespräch, einem meiner ersten und wenigen Hardcore-Fans. Sie war sofort hellauf begeistert von meiner Idee und wollte mir helfen, das umzusetzen, was ich im Kopf hatte.

Vorrangig wollte ich den Fans eine Art Zeitung bescheren: ein Wendler-Magazin, mit dem ich meine Fans in regelmäßigen Abständen über alles Kommende und Vergangene informierte. Dieses Magazin sollte – passend zu mir – so geil aufgemacht sein, dass alle auch in diesen Klub eintreten wollten, nur um das Magazin zu bekommen. Dass sich alle sagten: »Ich muss wissen, was der Wendler als Nächstes vorhat.«

Die Anfänge waren recht bescheiden. Das Magazin, das so geil sein sollte, bestand aus zusammengetackerten Schwarz-Weiß-Kopien. Aber schon mit der nächsten Ausgabe konnte ich eine Verbesserung präsentieren. Ein farbiges Deckblatt. Von mir persönlich beim Copyshop 150 Mal vervielfältigt. Das hat natürlich gekostet. Überhaupt musste ich am Anfang einiges Geld, das ich ja nach wie vor gar nicht hatte, in das Projekt investieren. Die Mitgliedschaft sollte kostenlos sein. Andererseits wuchs dadurch der Fanklub auch wirklich schnell, teilweise um 100 Mitglieder im Monat, sodass wir nach einem guten Jahr schon die Marke Eintausend überschritten. Das Magazin wurde von Ausgabe zu Ausgabe besser, bis wir uns dann auch trauten, Mitgliedsbeiträge zu verlangen. Damit waren die Kosten einigermaßen gedeckt.

Das war doch eine geniale Idee: Ich kenne keinen Schlagerinterpreten, der sein eigenes Magazin herausgibt.

Als Zweites habe ich mir sehr viel Zeit für meine Fans genommen, habe oft Autogrammorgien veranstaltet, die länger waren als mein Auftritt. Ich sang eine Stunde lang, danach gab ich drei Stunden Autogramme. Mit jedem Fan, der da einen Schriftzug vom Wendler haben wollte, habe ich mich beschäftigt, habe gefragt, wie es geht, und mich ein wenig unterhalten. Da stand dann eine Schlange von hundert Leuten und nach drei Stunden waren es immer noch gefühlte hundert. Es riss einfach nicht ab. Manchmal dämmerte es draußen schon, als ich aus der Halle kam.

Ich erinnere mich an ein Schlagerevent, das in der Stadthalle von Wesel stattfinden sollte. Viele meiner Fans waren angereist und freuten sich auf meinen Auftritt. Leider war der Veranstalter ein reichlich windiger Zeitgenosse, der Gagen, Hallenmiete und andere Kosten nicht bezahlt und sich davongemacht hatte. Ich ging zu meinen Fans und schilderte ihnen die Situation, während andere Kollegen sich aus dem Bühnenausgang fortstahlen. Ich hätte gerne wenigstens ein paar Lieder gesungen, auch ohne Gage. Einfach nur für die Fans, die für mich Eintritt bezahlt hatten und Hunderte von Kilometern angereist waren. Leider gab es keine Technik im Saal, die hatte der Ganove auch nicht bezahlt. Ich setzte mich also mit den Leuten zusammen, wir tranken etwas und plauderten ein wenig. Es wurde eine richtige kleine Party daraus, und nach zwei Stunden gingen alle versöhnt nach Hause.

Ein anderes Mal war mein Konzert im Rahmen einer Schifffahrt auf dem Essener Baldeneysee eingeplant. Viele meiner Fans hatten mehrere Stunden in der Dezemberkälte auf das Ablegen des Schiffes gewartet, um sich die besten Plätze zu sichern. Das Schiff war zum Bersten gefüllt, auf zwei Decks sammelten sich die Leute, und als mein Auftritt anstand, drängten alle nach unten zu mir. Die Bühne wurde aus der Mitte des Raumes nach hinten verschoben, damit mehr Leute Platz haben würden. Es war eng, heiß und stickig, aber die Stimmung war hervorragend. Plötzlich tat es einen Schlag und es war dunkel. Und still. Stromausfall. Ich versuchte, die Situation zu retten und sang a cappella weiter. Auch wenn meine Musik dafür nun gänzlich ungeeignet ist. Aber die Geste zählt für die Fans. Zumindest die in den vorderen Reihen konnten mich gut hören. Nach ein paar Minuten war der Strom wieder da und es ging weiter. Wie immer saß ich zwei Stunden, nachdem das Schiff angelegt hatte, bei meinen Fans und schrieb Autogramme. Ich hörte später von einigen Fans, dass sie dieses Chaos-Konzert als eines der schönsten empfunden hatten. Denn sie hatten das Gefühl bekommen, zusammen mit mir diese Situation gemeistert zu haben. Diese besonderen Momente der Gemeinschaft unterschätzen viele Künstler.

Ich habe auch keine Berührungsängste. Früher konnte jeder den Wendler buchen. Auch für seine Privatparty. Ich erinnere an die Alleestuben in Duisburg-Homberg, so eine richtige alte Eckkneipe (auch wenn sie nicht an einer Ecke lag), wo der Kohlenstaub auf den Bilderrahmen hängt und das Nikotin die Inneneinrichtung veredelt. Die Wirtin war ein riesiger Wendler-Fan und buchte mich für ihren Geburtstag in der Kneipe. Da stand ich also in der Ecke auf einer winzigen Bühne und rockte den Laden. Was mir meine Fans hoch anrechneten: Jeder merkte, dass es mir Spaß machte, dass ich Zugaben anhängte, die irgendwann die Länge des gebuchten Auftritts überschritten. Nach dem Lokalkonzert ging ich nicht schnell nach Hause. Ich war noch lange in der Kneipe, mischte mich unter die Gäste und war angesichts der Enge (bitte wörtlich nehmen) ein Star zum Anfassen.

Eine letzte Geschichte zu meinem Verhältnis zu den Fans ist, auch eine Episode, die mir positives Feedback eingebracht hat. Es gab eine Obdachlose, die sich immer, wenn sie erfuhr, dass ich in Mülheim im Ballermann 6, einer legendären Großraum- und Party-Disco auftrat, die sechs Euro für den Eintritt verdiente, indem sie vor der Diskothek die Flaschen einsammelte und sie an der Pommesbude abgab. Nur um mich sehen zu können. Dann kam sie mit ihren Aldi-Plastiktüten rein. Nachher, bei der Autogrammstunde, habe ich sie umarmt und mit ihr geredet, genau wie mit jedem anderen Fan. Das hat sie sehr gefreut. Sie war es gewohnt, von allen schlecht behandelt zu werden, und ausgerechnet ihr Star behandelte sie gut. Was mich besonders verblüffte: Ich bekam noch ein selbst gebasteltes Geschenk von ihr. Meistens aus irgendwelchen gefundenen Dingen zusammengebaut, aber das war natürlich nicht wichtig. Allein die Geste zählte und machte mich glücklich.

Wenn Fans so behandelt werden und merken, dass sie dir sehr wichtig sind, dann zahlen sie es dir mit Treue zurück. Ich kann nur jedem empfehlen, der ein Star werden möchte, da nie auf die Uhr zu schauen oder die eigene Bequemlichkeit nach vorne zu schieben. Das Kümmern um die Fans muss einen großen Raum einnehmen. In Extremfällen sogar größeren als das Tonstudio oder ein Auftritt. Denn die Fans sind die Basis für alles.

Ich habe in dieser Zeit auch etwas Erstaunliches, ja fast schon Erschreckendes erlebt. Ich hatte bis etwa 2005 fast ausschließlich weibliche Fans, und einige hatten sich meinetwegen auch von ihrem Partner getrennt, weil sie durch Michael Wendler ein völlig neues Selbstbewusstsein bekommen hatten. Manche hatten allerdings auch Angst vor ihrem Mann, weil der rasend eifersüchtig auf mich war.

Manch eine setzte sich zu mir und vergaß die lärmende Disco, die drängelnden Menschen um uns herum, und begann zu erzählen. Wie mit einem guten Freund. Durch meine offene Art habe ich bei mancher wohl sehr schnell einen Herzensplatz eingenommen und Vertrauen erweckt. Sicher auch, weil ich viele bald beim Namen kannte und mich an ihre Geschichten und Schicksale erinnerte. Und nachfragte, nachdem sie sich zwei- oder dreimal ein Autogramm geholt hatte. Offenbar haben sich die Menschen so intensiv mit mir beschäftigt, dass sie das Gefühl hatten, mich zu kennen und vor allem mir vertrauen zu können.

Ich erfuhr von Dingen, die man seinem besten Freund, aber nicht einem Fremden erzählen würde. Spannendes, lustige Sachen, die ich auch immer wieder in Liedern verarbeiten konnte. Aber eben auch von schlimmen Schicksalen. Manch eine Frau hatte tief greifende Probleme und für die war das Konzert auch eine Art Flucht. Ein Urgedanke des Schlagers ist ja auch die Vermittlung einer schönen heilen Welt, die im Gegensatz zur eigenen, nicht so schönen, steht. Was ich da hören musste, war schlimm. Einmal saß so ein Persönchen zitternd vor mir und erzählte mit angeschlagener Stimme, dass sie letzte Woche von ihrem eigenen Mann vergewaltigt wurde. Ich war oft erschüttert, wie viele da von ihrem Mann oder Freund schlecht behandelt und geschlagen wurden.

Was sollte ich tun? Ich bin Sänger, Entertainer, und wahrlich kein Psychologe. Ich hoffe, das haben alle so verstanden. Ich kann nur Trost spenden, Mut machen und ein wenig Hoffnung vermitteln. Ich kann mich auch nicht mit jedem einzelnen Problem auseinandersetzen, dafür ist ja gar keine Zeit da. Am Ende reicht es nur für ein freundliches Lächeln, ein »Halte durch!« und ein paar Autogramme. Natürlich beschäftigen mich die Schicksale noch lange, auf der Heimfahrt, am nächsten Tag, manchmal Wochen. An manche der traurigen Augen erinnere mich heute noch. Ich glaube und hoffe, dass es vielen reicht, alles mal erzählt zu haben und es sich von der Seele zu reden. Ich muss es glauben.

Auch aufgrund solcher Erlebnisse kann ich teilweise sogar nachvollziehen, warum manche Stars sich sehr distanzieren. Teilweise. Denn für den Wendler wäre das niemals eine Option. Ich bin ein Star zum Anfassen. Aber wenn es immer mehr Fans werden, kann man nicht mehr alle glücklich machen. Damals ging das noch, da war ich ein regionales Phänomen, und meine Bekanntheit ging nicht übers Kamener Kreuz hinaus. Wenn ich heute eine Auto-

Traum, Teil 1: Der Wendler im Luxusschlitten.

Traum, Teil 2: Ein ganz besonderes Wannenbad.

Der Wendler zieht blank – fast unzensiert.

Erfolg ist mehr als Glücksspiel.

Traum, Teil 3: Ein echtes Männerspielzeug für den Wendler.

Es regnet Gold ...

Links: Ken Otremba, Marketing Direktor Sony Ariola.
Rechts: Jörg Hellwig, damaliger Senior Vice President Sony Ariola.

Der Wendler rockt Oberhausen ...

... und 13 000 Fans rocken mit ihm.

Das Herzstück des Wendler-Clans: Adeline, Claudia und ich.

Der Wendler als Goldmarie.

Ich bin der Wendler.

grammstunde machen würde, dann würde ich wahrscheinlich drei Tage dort sitzen, und die Schlange würde immer noch nicht enden. Die Zeiten haben sich geändert und nicht unbedingt immer zum Besseren. Denn mir tut jeder Fan leid, den ich irgendwie enttäuschen muss.

Ich profitiere noch immer und immer wieder von meinen unglaublichen Fans, dieser unerschütterlichen Basis. Ich habe den größten Fanklub Deutschlands, und diese Fans stehen hinter mir, egal, was passiert. Deshalb sind wir gemeinsam so stark; und deshalb nenne ich meine Fans »Mein Armee«.

WIRKUNGEN

Eines Tages schellte es an der Tür. Ich dachte, es sei die Post. Oder mal wieder ein verirrter Fan, der dem Wendler die Hand geben wollte. Aber draußen stand ein kleines blondes Mädchen, vielleicht acht oder neun Jahre alt, das mit seinen azurblauen Augen zu mir hochguckte.

»Bist du der Wendler?«, fragte sie mich mit dünner, kieksiger Stimme.
»Ja, ich bin der Wendler.«
Sie lächelte.
»Ich hab eine Bitte an dich. Ich hätte gerne eine CD von dir.«, piepste sie weiter.
»Kein Problem. Was denn für eine?«
»Ich hätte gerne die CD *Oh lieber Gott*.«, antwortete sie schnell und streckte mir einen 10-Euro-Schein entgegen. Ich überlegte kurz, dachte bei mir: Mensch, das ist ja ein uralte Single, die liegt ja schon einige Jahre zurück. Ich konnte mich gar nicht mehr an sie erinnern.

Ich sagte also zu dem kleinen Ding:
»Die ist aber ganz schön alt. Bist du dir sicher? Willst du nicht vielleicht lieber das aktuelle Album?«
»Nein, ich möchte *Oh lieber Gott*.«, sagte sie, so fest es ihr möglich war.
Ich war erstaunt, sagte: »Einen Moment.«

Ich ging etwas verwirrt nach oben ins Büro, wo ich damals mein CD-Lager hatte, und suchte mir aus den ganzen selbstgepressten CDs der CNI-Records-Phase diese Single heraus. Ich musste einige Zeit wühlen, denn es war wirklich lange her. Das Lied war sicher ganz gut, aber weder ein Bestseller noch ehrlich gesagt so gut, dass ich mich heute noch intensiv daran erinnern würde. Irgendwo hinten an der Wand lag ganz unten noch ein kleiner Stapel von etwa zehn Plastikhüllen mit der gewünschten Single. Ich nahm eine und ging wieder hinunter, wo die Kleine immer noch brav auf der Treppe stand. Als sie mich kommen sah, streckte sie mir wieder den 10-Euro-Schein hin. Ich gab ihr die Single.

»Behalt das Geld, das ist ein Geschenk vom Wendler«, sagte ich, als sie weiterhin den Schein nach oben hielt, »Aber verrat mir doch: Warum gerade dieses Lied?«
»Weil mein Papa bei dir liegt«, sagte sie. Ich blickte wohl völlig verdutzt.
»Wie, dein Papa liegt bei mir?«
»Na, hier auf dem Friedhof.«

Sie zeigte die Straße aufwärts, wo ein paar Meter weiter die katholische Heilig-Geist-Kirche stand, samt ihrem Friedhof Oberlohberg dahinter.

»Ich besuche ihn einmal die Woche, er war ein großer Michael-Wendler-Fan. Er hat dieses Lied gehört, als er im Auto verbrannt ist.«

Jetzt sackten mir die Knie weg und ich setzte mich auf die Treppenstufen. Sie hockte sich neben mich und begann zu erzählen. Dass sie vor zwei Jahren hier in Dinslaken mit ihrem Vater – er fuhr, sie saß hinten, beide waren angeschnallt – einen schweren Autounfall hatte. Das Fahrzeug hatte sich überschlagen, fing Feuer und stand schon lichterloh in Flammen, als die Kleine im letzten Moment von den Rettern herausgezogen werden konnte. Dem Vater aber konnte man nicht mehr helfen, der ist tatsächlich im Auto verbrannt. Als der Wagen sich überschlug und zu brennen anfing, lief die ganze Zeit meine CD in der HiFi-Anlage. Diese Melodie hat sich im Kopf der Kleinen natürlich eingeprägt. Und dann ausgerechnet der Titel *Oh lieber Gott*. Sie sagte mir, dass sie das Lied seit dem Unfall immer wieder angehört hatte, um dabei an ihren Papa zu denken. Immer, wenn sie ihn besuchte, ging sie an meinem Haus vorbei. Als ein paar Tage zuvor die CD wegen des Dauergebrauchs kaputt gegangen war, hatte sie sich entschlossen, bei mir zu klingeln und zu fragen. Ich hatte Tränen in den Augen, ich konnte nichts mehr sagen, war total gerührt und musste mich sehr zusammenreißen, weil da neben mir so ein aufrechtes Mädchen saß, das sein Schicksal unglaublich stark verarbeitete.

Eine weitere Geschichte, die mit mir und meiner Musik zu tun hat, ist mir heute noch sehr präsent. Es war ein heißes, gutes Konzert gewesen, und ich veranstaltete im Anschluss meine damals noch übliche Knutsch- und Knuddelstunde mit Autogrammen. Auf einmal, nach etwa anderthalb Stunden, stand eine Blondine vor mir, vielleicht 20, vielleicht 25 Jahre alt. »Ich will kein Autogramm, ich will dir etwas schenken«, sagte sie mit einem kaum hörbaren Stimmchen und hielt mir ein Notizbuch hin. »Lies das und du wirst verstehen.«

Das klang sehr bedeutungsschwanger, aber ich dachte mir nichts weiter dabei. Es war ja auch schon wieder weit nach Mitternacht, und ich ein wenig matschig im Kopf. Ich legte das Büchlein erst mal zu den anderen Geschenken, brach dann eine Stunde später völlig erschöpft auf und wurde von meinem Chauffeur in meiner Limo nach Hause gebracht. Während der Fahrt kuckte ich, auf der Rückbank fläzend, die Geschenke durch. Es war das übliche Material: Teddys, Tassen, Blümchen, alles sehr süß und nett, aber nichts Aufregendes. Doch dann war da dieses Buch, das ich in der Zwischenzeit schon fast wieder vergessen hatte.

Ich blätterte ein wenig darin herum, bis ich merkte, das es ein Tagebuch war. Jede Seite war sauber mit blauen Kugelschreiber-Sätzen bedeckt. Über zwei Jahre hatte die ominöse Namenlose ihre Gedanken, Gefühle und Erlebnisse aufgeschrieben. Ich fing an zu lesen und es fesselte mich total, weil sie eine Art zu schreiben hatte, die einem die Tränen in die Augen trieb. Sie erzählte, wie sie bei fast jedem Konzert immer ganz hinten stand und darauf hoffte, dass ich sie wahrnehme. Aber, so schrieb sie: »Du siehst mich leider nicht.« Sie berichtete, wie sie nach dem Auftritt ihrer Mutter in die Arme fiel, wie sie gemeinsam heulten vor Glück, weil sie mich wieder gesehen hatten.

Aber ich las auch sehr viele tiefsinnige Gedanken, die mich sehr berührten. Am Schluss stand dann der verhängnisvolle Satz: »Er sieht mich nicht, und deshalb rückt für mich der Entschluss immer näher, jetzt von dieser Welt zu gehen.«

Das hat mich fast vom Rücksitz gehauen, denn ich dachte natürlich: Die bringt sich jetzt um. Hätte ich das vielleicht verhindern können?, fragte ich mich. Hätte ich früher reagieren müssen? Dass meine Musik so eine Wirkung hat, das hätte ich nie gedacht. Dass manche Fans 24 Stunden am Tag für Michael Wendler leben, dass mich manche besser kennen als ich mich selbst. All das hätte ich nie für möglich gehalten. Oft steht man da leichtfertig drüber. Seither jedoch habe ich es immer auf dem Schirm. Ich habe auch eine Verantwortung für meine Fans, so viel habe ich damals gelernt.

Die ganze Geschichte hat mich natürlich sehr mitgenommen. Ich habe dieses Buch immer bei mir gehabt und gehofft, dass ich das blonde Mädchen wiedersehe. Bei jedem Auftritt, bei jedem Konzert, egal wo, blickte ich nach hinten und scannte stets die letzten Reihen ab. Und ich sagte zu meinen Mitarbeitern: »Wenn ihr diese Blonde sehen solltet, dann bringt sie sofort zu mir.« Aber sie war nicht mehr da. Ein paar aufwühlende Monate später, ich hatte immer noch dieses Buch in meinem Koffer, rechnete ich nicht mehr damit, sie jemals wiederzusehen. Aber dann stand sie da, ganz hinten und im Gegenlicht der Scheinwerfer kaum zu erkennen. Ich habe sofort einen meiner Bodyguards zu ihr geschickt. Nach dem Konzert ging ich dann zu ihr, sprach mit ihr und gab ihr das Buch zurück. Ich sagte, sie solle unbedingt weiterschreiben. Das hat sie dann auch getan.

Sie weiß jetzt auch, dass ich sie sehe.

KAPITEL 9

ADELINE

2002 war ein Jahr des totalen Umbruchs. Es begann schon ein Jahr vorher, als Claudia im Juni zu mir sagte: »Ich bin schwanger.« Es war eine wunderbare Nachricht. Wir hatten es nicht geplant, das wäre ja aufgrund unserer desolaten wirtschaftlichen Situation auch leichtsinnig gewesen.

Claudia und ich hatten in den Jahren zuvor oft sehr depressive Phasen, in denen wir uns nachts weinend in den Armen lagen, weil alles so aussichtslos schien und wir keinen Sinn mehr sahen. Wir hatten das Gefühl, dass jeden Tag der Himmel grau war und es regnete. Ich hatte keinen Horizont mehr, keine Perspektive. Es war eine schlimme Zeit, seit Ende der Neunzigerjahre ganz massiv. Die Gläubiger standen förmlich vor unserer Haustür. Dabei war ich immer ein Typ, der so viel machen wollte. Mir war jetzt knallhart klar geworden, dass ich niemals meine Träume verwirklichen und meine Ziele erreichen könnte. Ich hatte keine Chance, jemals wieder auf die Füße zu kommen. Denn die Schulden waren nicht in den Griff zu kriegen. Außer vielleicht mit einem Lottogewinn – aber selbst fürs Lottospielen war kein Geld da. Es gab Tage, da hatte ich nicht einmal genug Geld, um Brot zu kaufen.

Ich war zum Nichtstun verdammt. Es hätte sich nicht gelohnt, in einer Spedition zu arbeiten, da man ja sofort mein Gehalt einkassiert hätte. Ganz abgesehen von der Demütigung, irgendwo anzufangen, wo einem als Erstes der Lohn gepfändet wird. Ich war als Mann eine traurige Figur und fühlte mich sehr schäbig. Ich war ein Nichts, mein Stolz als Mann war dahin. Wir lebten vom Geld meiner Frau, was die Lähmung und den Schockzustand nur weiter verstärkte. Meine Karriere als Sänger war auch eher lächerlich. Es war zwar mein Hauptberuf, aber der kostete mehr Geld, als er einbrachte. Ein Job, der viel mehr ein Hobby war – ein sehr kostenintensives obendrein. Ich kann mich heute noch sehr gut an die Vorträge von Claudia erinnern, die immer sagte, ich solle es sein lassen, es sei albern und koste doch nur Geld. Aber auch sie hat irgendwann verstanden, dass mich die Musik gerettet hat. Ich wäre sonst kaputtgegangen in dieser Zeit.

Ich fuhr an den Wochenenden zu den Auftritten in Festzelten und Diskotheken. Zusammen mit meinem Vater, der damals nebenher mein Management machte und auch sonst einen starken psychischen Einfluss auf mich hatte. Oft genug waren die Engagements eine Enttäuschung. Es kam gerade so viel Geld herein, dass ich das Benzin bezahlen konnte. Auf einer dieser Fahrten, auf einer Autobahn irgendwo in Deutschland, es war schon weit nach Mitternacht, sagte mein Vater zu mir: »Du bist doch richtig gut versichert, oder? Wenn du jetzt sterben würdest, dann wäre deine Familie doch zumindest gut versorgt.« Das Schweigen, das folgte, war das eisigste, das ich je erlebt habe. Ich war unfähig, noch irgendetwas dazu zu sagen. Ich habe nie gefragt, wie er es letztlich gemeint hat, aber ich musste es doch als Aufforderung zum Selbstmord verstehen.

Dass mich diese Worte meines Vaters damals nicht mehr schockierten und es nicht schon damals zum Bruch mit ihm kam, lag wohl auch daran, dass ich selbst sehr stark darüber nachdachte, ob Selbstmord nicht der beste Weg wäre. Ich wollte doch immer helfen, sonst hätte ich auch diese kaputte Firma nicht übernommen. Wenn das die einzige Möglichkeit war? Vielleicht hätte ich mich tatsächlich selbst geopfert, ich weiß es nicht, aber Claudia hat mich dann davon abgehalten. Sie redete mir den Quatsch aus. Ich habe nie auf der Brücke gestanden, um den letzten Schritt zu tun, das nicht. Aber ich navigierte in vielen schlaflosen Nächten durch die wildesten Gedankenstürme. Neben der Perspektivlosigkeit wurde auch die Scham immer größer. Dinslaken ist schließlich recht übersichtlich und dank der lokalen Zeitungen kannte wohl jeder hier meine Geschichte. Das zog mich noch weiter in den Strudel nach unten. Dazu hatte ich noch mehrere Prozesse am Hals, und wenn man kein Geld hat, um sich vernünftig verteidigen zu lassen, dann verliert man einen nach dem anderen. Ich kam mir ausgeliefert vor, und es verfestigte sich in mir ein unschönes Bild von unserem Rechtssystem. Denn eine Chance auf dein Recht hast du in Deutschland nur, wenn du Geld hast. Hast du keines, dann stell dich auf Knast ein.

Ohne meine Frau Claudia wäre ich in dieser Zeit kaputtgegangen.

Die Nachricht, dass ich Vater werden würde, änderte alles. Trotz allem würde es ein echtes Wunschkind werden. Es war, als ginge ein Stern am Himmel für mich auf. Und die Nachricht war ein Ansporn für mich, mich ins Zeug zu legen und noch härter zu arbeiten. Ich wollte, dass meine Tochter stolz ist auf ihren Papa und keinen Loser vor sich hat, der arbeitslos im Trainingsanzug zu Hause vor dem Fernseher hockt und nichts aus seinem Leben gemacht hat.

Ich wurde endlich aus meiner Lethargie gerissen und begann wieder, Ideen zu entwickeln. Noch im September stellte ich das erste Hallenkonzert auf die Beine, und auch wenn die Stadthalle

Duisburg-Walsum mit nur 450 Fans gerade mal zu einem Drittel gefüllt war, so war auch diese Zahl schon eine Sensation. Außerdem trieb ich die Fanklub- und die Magazinidee voran. Ich habe mich auf das Wesentliche besonnen: Die DJs, die Diskotheken und meine Fans. Auch wenn der Durchbruch noch über drei Jahre auf sich warten ließ, der Anfang war gemacht. Die Schockstarre hatte sich gelöst.

Aller Enthusiasmus, alle Ideen nutzten allerdings nichts und gingen erst einmal ins Leere. Ich hatte Anfang 2002 knapp 3 Millionen Euro Schulden. Trotzdem habe ich weiter fleißig an meiner Karriere gebastelt, auch wenn sie ungewisser und nebulöser denn je erschien. Ich habe viele Dinge auch dank meiner Musik verarbeitet, habe mich regelrecht in sie hineingeflüchtet.

Die rettende Idee kam dann von Claudia. Ich hatte längst keinen Überblick mehr, es waren mittlerweile über hundert Gläubiger aufgelaufen. Claudia aber hatte irgendwo, ich glaube, in einer Ratgebersendung im Fernsehen, von der Möglichkeit gehört, dass auch Privatpersonen Insolvenz anmelden können. Und dann nach sieben Jahren schuldenfrei sind, um völlig neu anfangen zu können. »Das wäre doch was für dich«, sagte sie zu mir. Ich war immer noch passiv und hoffnungsarm, deshalb wollte ich es gar nicht an mich heranlassen. Claudia hat dennoch einen Termin bei der Schuldnerberatung in Wesel vereinbart. Dazu konnte ich mich dann nicht aufraffen. Sie vereinbarte noch einen Termin, wieder war der Wendler zu phlegmatisch. Aber zum dritten Termin kam ich schließlich mit. Ich denke, es war auch eine Sache des Stolzes. Das muss so ein Testosteron-Typ wie ich erst einmal hinkriegen, sich einzugestehen, dass er Hilfe braucht.

Die einstündige Beratung war eine Offenbarung. Plötzlich waren so viele Lichtblicke im Tunnel zu sehen und uns wurde so viel Mut gemacht. Auch wenn es schwierig werden würde – denn ich war kein Otto Normalschuldner, der sich mit Bestellungen bei Quelle und Neckermann vertan hatte. Bei mir ging es in die Millionen, und es gab auch schon einige Gerichtsurteile gegen mich. Aber endlich sah ich eine greifbare Chance, da wieder rauszukommen, mich auch psychisch endlich ein Stück weit von den Gläubigern zu befreien, die alle fünf Minuten an der Tür läuteten, weil sie aus der Gegend kamen.

Wir mussten auch noch einmal Geld auftreiben, diesmal für einen Rechtsanwalt, damit der uns Schneisen in den unübersichtlichen Papierdschungel schlug. Und Claudia, die im achten Monat war, setzte sich nächtelang ins Büro und sortierte die Belege, die ich Gott sei Dank alle aufbewahrt hatte. Dann rechnete sie alles durch. Was ich allein auch nie geschafft hätte. Aber sie ließ sich nicht beirren. Sie sagte immer, in der Schwangerschaft spielen die Hormone verrückt, da willst du alles geregelt wissen, bevor es losgeht. Und dann konnten wir zum ersten Mal erkennen, dass die Hälfte der Schulden aus Gebühren, Zinsen und Säumniszuschlägen bestand, also gar nicht nötig gewesen wäre, hätte man einigermaßen frühzeitig bezahlt. Aber wenn man nichts hat, kommen immer weitere Schulden hinzu. Immer mehr und mehr.

Claudias Arbeit war unglaublich wichtig, denn erst wenn man alles minutiös auseinandergeschraubt und wieder zusammengefügt hat, wenn jeder Gläubiger mit jeder Forderung benannt ist, kann man diesen Antrag auf Privatinsolvenz stellen. Es gibt nur dann die Chance auf Einstellung, wenn man an jeden Gläubiger gedacht hat.

So konnte der 26. Februar 2002 tatsächlich ein hoffnungsvoller Tag werden. An diesem Tag wurde unsere Tochter Adeline geboren. Claudia wollte eigentlich eine Wassergeburt, weshalb ich als Katholik ins Evangelische Krankenhaus von Dinslaken ausweichen musste. Da saß meine Frau dann stundenlang in der Badewanne, hatte Spaß ohne Ende und freute sich, dass Kinderkriegen so entspannt ist. Die Hebamme war weniger gelassen, sie musste nach einigen Stunden Wehenverstärker geben, damit die Sache beschleunigt wurde. Dann ging es ruck, zuck. Auf einmal stand ich da mit dem krähenden Bündel Mensch im Arm. Und natürlich war es Liebe auf den ersten Blick. Plötzlich stand ich ganz allein da, weil alle Ärzte, Ammen und Pfleger sich verdrückt hatten. Ein paar Momente lang wusste ich nicht, was ich tun sollte. Aber ich wusste, dass ein neues Leben begonnen hatte.

Erst recht, als wir am 29. April 2002 die zweite Geburt in diesem Jahr erleben sollten: Meine Wiedergeburt. An diesem Tag wurde vom Amtsgericht Duisburg unter dem Aktenzeichen 63 IN 35/02 das Insolvenzverfahren eröffnet. Endlich. Die Befreiung begann, auch wenn ich sie damals noch nicht als solche empfand, nicht so empfinden konnte. Frei sein, ohne Einfluss auf seine eigenen Finanzen zu haben, ist extrem schwierig. Ich hatte ja kein eigenes Konto, keine Kreditkarte, konnte noch nicht einmal einen Handyvertrag abschließen. Jeder 16-Jährige war freier als ich. Die Freiheit machte sich erst später bemerkbar, als sich die Ketten um mein Herz langsam lockerten. Aber ich spürte sofort, schon am 29. April, dass wir auf einem guten Weg waren, dass die Richtung stimmte.

Und ich wusste: Wenn Adeline eingeschult würde, dann würde ich frei sein.

DER MÜHSAME WEG NACH OBEN

Ich bin einer, der immer alles infrage stellt. Ich kann und will nichts als gegeben hinnehmen. Denn das würde nur eines bedeuten: Stillstand. Die Geschichte belegt, dass jeder, der neu und anders gedacht hat, niedergemacht wurde: Luther, Galilei, Darwin. Die Liste könnte man beliebig fortsetzen. Wir Menschen sollten aber generell immer alles infrage stellen und nichts so akzeptieren, wie es ist. Ich meine das nicht respektlos, denn natürlich gibt es Dinge, die gut sind, wie sie sind. Aber meistens lässt sich doch immer noch eine Kleinigkeit verbessern. Oder ein neuer Weg finden. Wenn man bereit ist, sich auch mal eine blutige Nase zu holen, kann man alles verbessern. Wir müssen uns nur erlauben, die Dinge zu hinterfragen.

Logisch, dass ich mir mit dieser Einstellung nicht nur Freunde mache. Im Gegenteil. Viele meiner innovativen Ideen haben die etablierten Kollegen total vor den Kopf gestoßen. Die meisten der Altstars können mit mir auch heute noch nichts anfangen. Ich habe keine Angst vor neuen Leuten in der Branche. Und wenn wir alle zusammenarbeiten, anstatt uns zu bekriegen, dann kann der deutsche Schlager nur davon profitieren. Trotzdem hassen mich viele meiner Konkurrenten, weil sie eines nicht verstanden haben: Konkurrenz belebt das Geschäft. Auch Newcomer beleben das Geschäft. Jeder profitiert davon. Aber die Alten denken immer noch, einer wie ich nimmt ihnen ein Stück von ihrem großen, knochentrockenen Kuchen weg. Deshalb werde ich niedergemacht.

Auch die Schallplattenindustrie wollte mit dem Wendler lange nichts zu tun haben. Wie oft habe ich mich irgendwo beworben und Konzepte und Ideen vorgelegt. Das hat keinen interessiert, die Briefe kamen zurück, die Anrufe blieben unbeantwortet. Immer mit der Aussage versehen, der deutsche Schlager sei nicht lohnenswert. Später war ich der Erste seit Jahrzehnten, der in den internationalen Charts in die Top Ten eingestiegen ist. Das hatte es seit Matthias Reim vor 20 Jahren nicht mehr gegeben. Durch den Wendler ist die Branche endlich aufgewacht.

Es hätte mir egal sein können, ob man mich wahrnimmt und endlich fördert, schließlich hatte ich meine eigene Plattenfirma. Eigentlich betrieb ich eine schnucklige kleine Wendler-Diktatur und bestimmte alles selbst, was die beste Voraussetzung dafür ist, dass man Dinge schnell und unkompliziert umsetzen kann. Deshalb bin ich auch in einem so wahnsinnigen Tempo bekannt geworden – weil mir keiner reinreden konnte. Selber schreiben, singen, texten und dann entscheiden, wie viele CDs ich presse.

Leider stieß ich trotzdem bald an meine Grenzen. Die großen Labels kontrollieren den Fernsehmarkt. Als kleine Klitsche hast du da keine Chance. Unfassbar. Da gibt es Sony, EMI, Universal und Koch und vielleicht noch Jack White. Das war's dann auch schon. Von allen anderen hören die sich nicht einmal etwas an. Bei den großen öffentlich-rechtlichen Sendern ist es dasselbe, obwohl die schon aufgrund der Gebühren dafür stehen sollten, dass das, was es gibt, auch abgebildet wird. Denkste. Die großen Labels saßen auf ihren Altstars, weil sie schon 100 Mal mit denen Tee trinken oder saufen waren oder nachts durch die Bordelle gezogen sind. So werden ja die Geschäfte gemacht. Man kannte sich gut, und da gab es die Bosse der Labels, alle schon gefühlte 100 Jahre alt, so wie ihre Künstler, und klüngelten und ignorierten die neuen Strömungen völlig. Deshalb hat man auch über Jahre und Jahrzehnte immer die gleichen Nasen gesehen. Und deshalb wurde irgendwann auch die Hitparade im ZDF abgesetzt, weil die alten Säcke keiner mehr sehen wollte. Dabei war das mal ein innovatives Format. Da konnte man als junger Künstler eine Chance bekommen. Das war belebend, aufregend, spannend. Und dementsprechend groß war der Schlager in dieser Zeit, den Sechziger- und Siebzigerjahren.

Ich zweifele an und mache die Leute dadurch sensibel und aufmerksam. Damals hieß es: Was erlaubt sich dieses Würstchen?! Heute, da ich gerade meine vierte goldene Schallplatte bekommen habe, müssen sie sich was anderes ausdenken, und so werde ich für andere Dinge an den Pranger gestellt. Ich fühle mich manchmal wie der »Erstgeborene«, obwohl ich ja eine ältere Schwester habe. Aber der ging es ähnlich. Der Erste hat es immer schwer, denn er muss auf die Barrikaden gehen und gegen verschlossene Türen anrennen. Alle nach mir werden es einfacher haben. Das macht mich manchmal traurig, weil ich mich abstrampele für ein Ziel, das andere viel schneller erreichen werden. Und auf weniger schmerzhaftem Wege.

Aber meistens fühle ich mich stark. Ich bin langsam gewachsen, und wenn man alles selbst aufbaut, mit all den dazugehörigen Rückschlägen und Durststrecken, dann erlebt man den Erfolg viel intensiver. Ich bin keine Eintagsfliege, die bei DSDS von null auf hundert abgeht und nach kurzer Zeit dann weg ist vom Fenster. Von hundert auf null. Oder drunter. Bastian Pastewka hat mich einmal herrlich parodiert. Was er ironisch gesagt hat, das stimmt aber auch voll und ganz: »Ich bin einfach 100 Prozent ich selbst, ich bin keine Marionette, die von der Schallplattenfirma irgendwohin geschickt wird, ich bin kein Castingkünstler, sondern ich mache alles selbst. Der Wendler steht jeden Morgen vorm Spiegel und fragt: Wie macht der Wendler das bloß?« Besser hätte ich das nicht sagen können, nicht wahr?

KAPITEL 10

SIE LIEBT DEN DJ – UND DEN WENDLER

Seit *365 Tage* war die Richtung vorgegeben, mit *Total riskant* der Durchbruch geschafft. Mit diesem Album war ich endgültig in den Diskotheken etabliert und die Anzahl meiner organisierten Fans lag schon im vierstelligen Bereich, was ich zur damaligen Zeit enorm fand. Es ging trotzdem nur langsam weiter, mit Tippelschritten. Aufgrund der laufenden Privatinsolvenz hatte ich sehr wenig Geld zur Verfügung, weniger als 1000 Euro im Monat. Zu wenig, um nachhaltig etwas zu bewirken. Denn ich hätte am liebsten so richtig investiert, als ich merkte, es könnte funktionieren. Ich wollte Werbung fahren, das Wendler-Magazin ausbauen und noch mehr Auftrittsangebote außerhalb von Nordrhein-Westfalen annehmen, um überregional bekannter zu werden. Und noch mehr als das.

Die Schallplattenfirma CNI Records, die wir 1999 gegründet hatten und die von Claudia geleitet wurde, da ich wegen meiner Insolvenz das natürlich nicht durfte, war weiterhin ein Zuschussgeschäft. Immerhin konnten wir dadurch überhaupt CDs produzieren und pressen, um sie nach Auftritten anzubieten. Doch die Firma produzierte vor allem Miese. Man kann anhand der Bilanzen nachvollziehen, wie katastrophal diese ersten Jahre waren. Es hätte wohl auch nicht mehr lang gedauert, bis das Finanzamt nachgefragt hätte, ob es denn Sinn mache, eine Firma zu erhalten, die jedes Jahr Verluste meldet.

Auch Claudia ließ damals kaum eine Gelegenheit aus, mich darauf hinzuweisen, und fragte mich sehr eindringlich, ob sich das Ganze denn noch rentiere. So fühlte ich mich manchmal, als müsste ich einen aufreibenden Kampf an mehreren Fronten austragen. Hier das Insolvenzverfahren, das zwar ganz ruhig lief, mir aber wenig Luft und Geld zum Leben ließ. Dort der Kampf um die Fans und die Auftritte. Und schließlich, an der Heimatfront, eine überaus vernünftige Ehefrau. Aber Vernunft hätte mich nicht zu dem Michael Wendler gemacht, der ich heute bin. Deshalb musste ich hart bleiben. Ja, es machte Sinn, wenn auch leider noch kein Geld. Claudia hätte aber auch nie nachgebohrt, dazu war ihr viel zu bewusst, wie viel Kraft mir die Musik gab. Wir standen allerdings im Sommer 2004 auf der Kippe. Mit Tendenz nach unten.

Dann aber passierte etwas, das alles veränderte.

Das nächste Album, das ich just im Sommer 2004 zusammenstellte, sollte *Halt dich fest* heißen. Möglicherweise das letzte Wendler-Album. Stefan Böckting, ein guter Freund von mir, hat mich eines Tages besucht. Stefan war DJ im Delta-Musik-Park in Duisburg. Ihm spielte ich die neuen Lieder vor, um seine Meinung zu hören. Bei einem Lied war ich mir noch nicht sicher. Ich hatte eine Melodie und ein paar Textzeilen fertig, aber alles war noch Stückwerk. Ich sang und spielte ihm ein wenig vor, und Stefan war total begeistert.»Schreib den Song zu Ende, das wird der absolute Knaller«, sagte er. Er war DJ in einem der heißesten Läden in ganz Nordrhein-Westfalen, er war Profi, er musste es wissen.

Der Grund für seine Begeisterung war einfach. Meinem Songfragment hatte ich den schönen Titel *Sie liebt den DJ* verpasst. Es war eine dieser Geschichten, die ich nach einem Auftritt von einem weiblichen Fan erzählt bekam und sofort verwertete. Sie liebt den DJ, geht jeden Freitag in die gleiche Diskothek, um ihn anzuhimmeln, aber er beachtet sie nicht. Die Geschichte einer unglücklichen Liebe, erlebt von einem jungen Wendler-Fan. Ich wusste nicht, was die Zeile in einem DJ auslösen könnte. Stefan klärte mich auf. »Ich sag dir eines«, sagte er unruhig, »darauf haben alle DJs gewartet. Denn wir werden immer verkannt. Wir stehen jeden Abend da oben, spielen stundenlang, werden aber als Künstler überhaupt nicht wahrgenommen. Für viele sind das doch nur die Typen, die da oben im Halbschatten die CDs auflegen. Insgeheim denkt doch jeder: Das kann ich besser.« So hatte ich das natürlich noch nicht gesehen. Ich hätte auch *Sie liebt den Barkeeper* oder *Sie liebt den Türsteher* gesungen, wenn das die Inspiration gewesen wäre. Aber klar, die Logik war einfach: Der verkannte DJ sieht endlich seine Chance, sich ganz einfach in den Mittelpunkt zu befördern, und spielt deshalb den Song. Und der wird dadurch zum Hit. Genial!

Noch am selben Abend schrieb ich den Text fertig und am nächsten Morgen war ich sofort im Tonstudio. Mitte November erschien dann das Album *Halt dich fest*, und Ende Januar 2005 koppelten wir die Single *Sie liebt den DJ* aus. Und warteten ab, was passieren würde.

Es passierte ... nichts!

Wann immer ich die Single einem der DJs – die ich ja nach wie vor brav mit jedem neuen Song abklapperte – vorspielte und hoffte, sie würden sie zum Megahit machen, erntete ich nur Schulterzucken. Sie fanden das Ding okay, gut gemacht und rhythmisch in Ordnung, aber einige meinten auch, dass es ihnen eher peinlich sei, den Song zu spielen. »Die gucken uns dann alle an und denken, wir machen das mit Absicht«, sagte einer. Die meisten anderen dachten ähnlich. So verging 2005, der Song wurde manchmal gespielt, meistens aber nicht, auf meinen Konzerten kam er gut an, ich fand ihn nach wie vor richtig geil, aber wir hatten uns in den Diskotheken etwas mehr erhofft.

Dann kam Karneval 2006. Und plötzlich entdeckte einer das Partypotenzial von *Sie liebt den DJ*. Irgendein DJ irgendwo im Ruhrpott war es, der den Song zwischen die ganzen Stimmungs- und Schunkelklassiker packte. Die Melodie war eingängig, die Textzeilen sowieso, und so grölten und tanzten alle mit. Andere taten es ihm nach, irgendwann wurde der Song flächendeckend gespielt, denn im Karneval, wenn die Partylaune unumgänglich ist, war er auch keinem DJ mehr peinlich. Auf einmal knallte der Song durch und war in ganz Deutschland zu hören. Genau mit dem Effekt, den Stefan damals prophezeit hatte – alle schauten hinauf zum DJ, der bekam seine Dosis Rampenlicht, und alle feierten ihn. Eitel ist schließlich jeder. Und als alle kapiert hatten, dass dieses Lied nicht peinlich, sondern lustig ist, spielte jeder DJ im Land meinen Song. Ein Hit war geboren.

Im Sommer 2006 klingelte bei mir das Telefon. Am anderen Ende der Leitung sprach: Mallorca. Besser gesagt, Andy Bucher, der Künstler-Booker der megArena, mit 3500 Quadratmetern und Platz für 5000 Leute einer der größten Partytempel der Balearen. Er erzählte mir aufgeregt, dass *Sie liebt den DJ* an der Playa del Palma rauf und runter gespielt würde, und wollte mich unbedingt holen. Er fragte mich, ob ich Lust hätte, für einen Probeauftritt auf die Insel zu kommen. Ich war seinerzeit noch unentschlossen, aber wieder war es mein DJ-Kumpel Stefan, der mich bestärkte und fand: »Wer auf Mallorca auftritt, ist der absolute Kultstar. Das kann nur erfolgreich werden.«

Ich war nur einmal dort gewesen, fünf Jahre zuvor und rein privat. Zum Urlauben. Der Eindruck, den ich damals gewonnen hatte, war eher abstoßend. Die Musikkultur war völlig anders, als ich mir das so vorstellte. Kurz gesagt: Da wurden Lieder vom Ficken, Saufen und Titten gegrölt, da kam man doch mit Popschlagern nicht weiter. Als ich jedoch diesmal am Flughafen ankam, die Gangway herunterschritt und die spätsommerliche Sonne den Wendler umschmeichelte, da hätte ich am liebsten den Boden geküsst. Aber das wäre wohl auch für einen ehemaligen Messdiener zu anmaßend gewesen, also ließ ich es sein. Ich war sofort verknallt und fasziniert von dieser Insel. Und vor allem: überrascht.

Der gute Eindruck verstärkte sich noch, als ich später durch die Schinkenstraße spazierte und aus jeder zweiten Box meine eigene Stimme und mein eigener Rhythmus schepperten. *Sie liebt den DJ* überall. Ich hab die Welt nicht mehr verstanden. Der kleine Wendler aus Dinslaken, der noch keinen Hit produziert hatte und außerhalb von Nordrhein-Westfalen ein Nichts war. Und nun das. Jugendliche, Hausfrauen, erwachsene Kerle, dralle Blondinen – alle sangen mit. Meinen Text. Meine Melodie. Ich schlenderte ein paar Meter abseits vom Zentrum des Geschehens in Richtung Strand, wo weniger Boxen dröhnten. Aber auch da sangen die Menschen ausgelassen. Mein Lied! Und unten am Strand das Gleiche: Da lagen sich die Leute in den Armen und grölten: »Sie liiieebt den Diiiiieee Tschäi.« Wahnsinn. Was für ein wunderbares Gefühl. Ich hatte so etwas vorher noch nicht erlebt. Das war ein Hit, ich hatte einen Hit. Endlich. Was ich noch nicht wusste: Die mallorquinische Regierung hatte mir kräftig geholfen. Sie verbot nämlich in diesem Jahr 2006, im Freien laute Musik zu spielen. Was bedeutete, dass die ganzen Gröl- und Saufhymnen wie *Zehn nackte Friseusen* an Fans verloren, weil man sie eben nicht mehr mitgrölen konnte. Und leise anhören kann man diesen Quatsch ja nicht. Popschlager allerdings schon. Da kriecht der Rhythmus in den ganzen Körper und nicht nur in den vollgedröhnten Schädel. So wurden die Leute offen für meine Art von Musik.

Abends stand dann der Auftritt in der megArena auf dem Plan. Dafür wurde mit Flyern geworben, die tagsüber in der ganzen Gegend verteilt wurden. Oben auf den bunten Zettelchen aber stand nur der Name meines Hits. Wesentlich kleiner darunter dann mein Name. Den Wendler kannte ja keiner. Nur *Sie liebt den DJ* – das kannte hier jeder. Ich wusste natürlich, dass alle nur für dieses Lied da waren. Auch irgendwie seltsam.

Egal, der Abend war phänomenal! Bestimmt 3000 Partymenschen tummelten sich im Saal, was nicht proppenvoll, aber doch ordentlich war. Die machten mächtig Alarm, denn natürlich gab ich ihnen sofort, was sie wollten – *Sie liebt den DJ*. Es war schon September, die Saison war fast vorbei, aber die Arena flog fast auseinander. Der Erfolg war so nachhaltig, dass mir der Chef des Ladens, noch als ich schwitzend von der Bühne kam, anbot, im nächsten Frühjahr wiederzukommen. Dabei ist es bis heute geblieben. Einmal pro Woche trete ich an der Playa del Palma auf.

DEAL

Im Dezember ging es weiter. Das Telefon schellte, dran war die EMI, der Musikgigant aus Köln. Sie wollten mit mir über einen Plattenvertrag reden. Wie aus dem Nichts. Ich war gleich euphorisch und dachte mir: Was ist denn nun los? Das Beste kam dann einen Tag später: Da rief die Sony Ariola aus München an. Sie wollten, hoppla, mit mir über einen Plattenvertrag reden. Jetzt konnte ich gar nichts mehr begreifen. Da rackerte ich seit acht Jahren, hatte mich immer wieder beworben, versucht, getan, gemacht. Und dann spülen der Zufall und der Karneval eine Nummer nach oben, die nun wirklich nicht die beste ist, die ich geschrieben habe. Vielleicht war sie auch nur erfolgreich geworden, weil ich die DJs emotional mit dem Titel bestochen hatte. Und plötzlich, binnen 24 Stunden, melden sich zwei der größten Musikkonzerne der Welt bei mir und wollen mich mit Geld zuscheißen. Das aber wurde mir erst in der folgenden Woche klar.

Ich fuhr nach Köln zum Hauptquartier der EMI in einem Hochhaus gleich gegenüber vom Dom. Da saßen sie mit der kompletten Mannschaft, vom Vertriebschef über die Plattenchefin über die Rechtsanwälte bis hin zu den Internetpromotern. Hatten die nichts zu tun oder war ich so wichtig? Eine lustige Runde war das, und sie erzählten mir gleich, was sie vorhatten. Nach ein paar Minuten Geplänkel, nannte mir die Plattenchefin dann eine Summe. Die war so hoch, dass ich dachte, ich hätte mich verhört. So hoch, dass ich die Welt nicht mehr verstand. Eine völlig neue Welt wurde da gerade vor meinen Augen erschaffen. Eine Welt, von deren Existenz ich bisher nichts gewusst hatte. Ich hatte schon die krude Vorstellung, dass man mit Musik Geld verdienen kann, vielleicht auch viel Geld, wenn man Glück hatte. Aber sooo viel? Doch sie wollten Michael Wendler unbedingt haben, und das mit allen 350 Songs, die ich bis dahin geschrieben hatte. Und natürlich den Superhit *Sie liebt den DJ*. Um auch den endlich groß vertreiben zu können in allen Märkten und auf allen Kanälen.

Für mich war der Deal damit eingetütet. So viel Geld, dazu die EMI in Köln, die mir ja schon räumlich viel näher lag als die Sony Ariola in München. Die hatte ich dazu als konservatives, stehen gebliebenes und reichlich verstaubtes Label im Hinterkopf. Da war mir die

EMI viel sympathischer. Dennoch habe ich nicht gleich zugesagt. Ich wollte mir zumindest anhören, was die Jungs von der Sony zu sagen hatten.

NOCH EIN DEAL

Ich rief also am nächsten Tag in München an und sagte die Wahrheit. Dass es ein anderes Angebot gäbe und ich bereits die Verträge vorliegen habe und nur noch zu unterschreiben brauchte. Vielleicht war das meine unterbewusste Art einer Absage, denn ehrlich gesagt rechnete ich mit nichts. Schon gar nicht mit etwas Besserem.

Aber Jörg Hellwig, der damalige Ariola-Chef – Ariola ist das Schlagerlabel der Sony – wurde gleich nervös, bat mich um einen Termin und bot mir an, mich in Dinslaken zu besuchen. Das beeindruckte mich sehr. Hallo? Der Chef eines der größten Plattenlabel Deutschlands kommt zu mir, dem immer noch recht kleinen und nur regional populären Wendler. Der kommt hierher und die EMI lässt mich antanzen und versucht mich mit der großen Mannschaft zu beeindrucken. So langsam wurde mir klar, dass sie mir unterschwellig zu verstehen gaben, dass ich froh sein müsse über den Deal. Und dass ich selbst schuld sei, wenn ich ihn nicht sofort unterschreiben würde. Diese Hochnäsigkeit war mir im Rausch der Zahlen am Tag zuvor entgangen. Die Sympathiewerte der Kölner Kollegen bröckelten und der Vertrag wurde erst mal in die Schublade gelegt. Ich wollte doch sehen, was jetzt passierte.

So standen sie zwei Tage später, kurz vor Weihnachten und bei nieseligem, regnerischem Kältewetter, vor der Tür meiner bescheidenen Hütte. Rechts Jörg Hellwig, Senior Vice President, und links

Ken Otremba, der Marketingdirektor des Schlagerlabels Ariola. Der eine um die 50, schlank und mit dichtem grauen Haar und progressiver schwarzer Brille. Der andere naturlockig und braun gebrannt mit offenem Hemd. So verstaubt sahen die gar nicht aus. Ich war überrascht.

Das Gespräch beeindruckte mich noch mehr. Die beiden vermittelten mir, dass sie den Wendler unbedingt haben wollten. Ich dachte: Wow, und ich dachte an den Vertrag in der Schublade. Da stand ja schon so eine unglaubliche Summe drin. Was tun? So wurde der Wendler mutig. Ich dachte mir, wenn die mich unbedingt haben wollen, dann verdopple ich einfach mal die EMI-Summe. Runterhandeln können sie mich immer noch. Mal sehen, wie sie reagieren. Ich rechnete allerdings schon damit, dass Hellwig dicke Backen machen und lospoltern würde: »Unverschämtheit, was erlauben Sie sich?!« Irgendetwas in dieser Art.

Ich war trotz der leicht arroganten Behandlung weiterhin mit dem Herzen bei der EMI. Ich war überzeugt, dass die Sony mit dem Wendler auch rein gar nichts anfangen könnte. Ich bin ja der moderne Popschlager, und bei Ariola sind fast nur diese Altstars unter Vertrag wie die Udo Jürgens, Hansi Hinterseers und Flippers dieser Welt. Die können mit mir nichts anfangen und wissen auch nicht, wie sie mich pushen sollen. Die EMI dagegen hatte mir Visionen unterbreitet und reichlich Honig ums Maul geschmiert.

»Und was kommt sonst noch dazu?«, fragte Jörg Hellwig ganz ungerührt. Ich dachte: Hoppla, jetzt gehts los. Ich witterte meine Chance und dachte, wenn das so ist, wenn hier gar nicht gehandelt wird, dann können wir ja mal sehen, was sonst noch geht. So sprach ich von Umsatzbeteiligung, First-Class-Flügen bei Fernsehauftritten und Fünf-Sterne-Hotels. Alles, was das Leben nett macht. Hellwig und Otremba kamen aber immer noch nicht ins Schwitzen, machten sich Notizen, blickten sich an und nickten. »Geht in Ordnung«, sagte Jörg Hellwig. Damit man einschätzen kann, worüber wir hier sprechen: Mit der Sony BMG wurde der Wendler zum Millionär.

Damals war ich der Ohnmacht nahe, heute ist die Summe nachvollziehbar. Ein echter Star der Schlagerszene erzielt heute, je nach Status und Erfolgsaussichten, zwischen 150 000 Euro und 700 000 Euro für ein einziges Album. Und die Sony bekam ja das ganze Paket Michael Wendler, mit 350 fertigen Songs, einem Mallorca-Superhit und einer verhältnismäßig üppigen Fanbasis. Dazu waren sie angetan von meiner Professionalität, die ich nach Jahren mit der eigenen Plattenfirma, dem Organisieren von Auftritten und Fanklub sowie dem Komponieren und Texten einfach in allen Bereichen mitbrachte. Jetzt zahlte es sich aus, dass ich in keinem Bereich geschlafen hatte. Sicher wird Jörg Hellwig auch darüber nachgedacht haben, dass ihn ein Flop wohl seinen Kopf kostet. Schließlich hatte seine Firma kurz zuvor eine unbedeutende Schülerband namens Tokio Hotel mangels Erfolgsaussichten fortgeschickt – das Geschäft ist eben unberechenbar. Aber bei mir konnte er recht sicher sein, denn ich musste nicht mehr aufgebaut werden. Ein Riesenvorteil. Sie wollten mich zum Flaggschiff machen, und das ist eine Riesenehre, und das sogar mit einem Drei-Jahres-Vertrag.

Es kam, wie es kommen musste. Zumindest in meinem damals schon recht ausgeprägten Selbstverständnis. Meine erste Single, *Sie liebt den DJ*, hatte den besten Charteinstieg seit Jahrzehnten im Schlagerbereich. Von null auf Platz 27 in den internationalen Charts. Nicht etwa im Sommerloch, sondern in einer Jahreszeit,

Anfang Mai, die heiß umkämpft ist und in der viel Gutes in die Charts drängt. Ein Megaerfolg! Man macht sich keine Vorstellung. Die gesamte Chefetage rief bei mir an, um zu gratulieren. Schon mit dieser ersten Veröffentlichung hatte sich die mir so astronomisch erscheinende Summe für Sony amortisiert. Kurze Zeit später, im Juli, kam dann das erste Album auf den Markt. *Best of Vol. 1* – mit dem ganzen Material aus früheren Jahren. Ich musste also gar nichts mehr machen und war trotzdem erfolgreich. Das Album steht inzwischen kurz vor Platin, es sind also fast 200 000 Stück verkauft worden. Es ist ein Wahnsinn!

Kurz danach verkaufte ich meine Stücke auch noch an einen Musikverlag, das gab dann zusätzlich noch eine schöne fette Summe. Auf einmal war der Wendler heiß begehrt.

ONKEL JÜRGEN

Im Mai 2007 machte sich eine eigentümliche Reisegruppe auf nach Mallorca, die neue Insel des Glücks und des Erfolgs. Ich hatte drei Monate vorher den Vertrag mit der Sony unterschrieben. In den paar Wochen, in denen ich nun mit den Herren Kontakt hatte, konnte ich mich des Eindrucks nicht erwehren, dass sich die ehrwürdige Musikmaschine doch sehr im Winterschlaf befand. Ein Winterschlaf, der schon seit Jahrzehnten anhielt. Da musste der Wendler was machen. Deshalb schlug ich den Herren vor, sich mit mir gemeinsam den Mallorca-Markt anzusehen. Nur ein Luftzug im frischen Wind, den der Wendler dort reinbrachte.

Man war auch gleich sehr aufgeschlossen, was mich wunderte, denn für mich war der Laden noch immer sehr verstaubt. Was ja objektiv auch der Fall war, schließlich hatten sie viele Dinge vernachlässigt. Sei es das Geschäft im Internet, zusätzliche Vermarktungsmöglichkeiten wie Sampler, und Sony Ariola hatte noch immer kein eigenes Fernsehformat. Auch das war längst Usus in der Branche. Die Universal betrieb schon lange *The Dome* und EMI feierte mit *Ballermann Hits* oder *Apres Ski Hits* seine Erfolge im TV. Solche Sendungen sind auch deshalb wichtig, um einen Stellenwert zu bekommen, ernst genommen zu werden und um Druck auszuüben. Die eine Firma möchte von der anderen einen Künstler für ihre Sendung, so hat die andere auch wieder die Möglichkeit, von der einen etwas zu fordern. Wenn du da nicht mitspielst und keine Möglichkeiten hast, kein Spielbrett für deine Figuren, dann lachen die über dich und du stehst allein da. So ging es der Sony Ariola vor dem Wendler.

Dass meine Überlegungen und Vorschläge richtig und wichtig waren, merkte man schon daran, dass man sie fast alle umsetzte. Denn der CD-Verkauf ist ja generell rückläufig. Umso entscheidender ist es, dass man sich neuen Märkten nicht verschließt. Es gibt schließlich unendlich viele Möglichkeiten, als Schallplattenlabel Geld zu verdienen, zum Beispiel durch die Beteiligung an Auftrittsgagen.

So machten sich zwölf Mann von der Sony und der Wendler auf nach Mallorca. Wir hatten ja allen Grund zum Feiern, denn *Sie liebt den DJ* war bereits ein Riesenerfolg. Aus Sicht meines Brotgebers eine Sensation. Für viele war ich noch immer der Newcomer. Viele Raketen, die sie sonst so starten lassen, kommen gar nicht erst in die Top 100 der Media-Control-Charts, schon gar nicht mit deutschem Schlager. So saßen wir im 12 Apostel, so einer Art Edelitaliener und Künstlertreff an der Playa del Palma, auf Höhe vom »Ballermann 7«.

Da tauchte er aus der Dunkelheit auf und wusste natürlich sofort, wer da an meinem Tisch sitzt, unter anderem Ariola-Chef Jörg Hellwig, einer der mächtigsten Männer im Geschäft. Es war Jürgen Drews, der Heesters des Schlagers und der König von Mallorca. Ungefragt setzte er sich zu uns und fing sofort an zu reden. Wie toll er den Wendler finde und wie großartig es sei, was ich geleistet habe. Das verwunderte mich. Er verglich mich mit dem »Jürgen Drews von vor 30 Jahren« und fand es »eine Sensation, dass endlich mal wieder einer den Markt aufmischt« – so wie er in jungen Jahren. Onkel Jürgen war so überschwänglich, dass einige der Herren am Tisch eher pikiert wirkten.

Der Wendler aber war begeistert. Überhaupt von Jürgen Drews. Denn wenn einer mit über 60 Jahren noch am Ballermann rumläuft und um 4 Uhr morgens vor schwierigem Partyvolk auftritt, dann ist das schon Hardcore und aller Ehren Wert. Ich glaube nicht, dass ich das in dem Alter noch haben muss. Er gastierte damals meist sogar im Oberbayern, dem Laden mit dem härtesten Publikum auf Mallorca.

Ich bewundere den Drews für seine Lebensleistung. Und zu meinem großen Respekt vor diesem Vorbild kam nun noch, dass er so nett war. Denn die ersten Resonanzen auf mich waren sehr ernüchternd. Viel Nettes hatte ich aus dem Kollegenkreis bislang noch nicht gehört. Ich dachte ja, die Altstars würden sich freuen, aber Pustekuchen. Einfach gönnen-können, das können tatsächlich nicht viele, und schon gar nicht zeigen sie es in der Öffentlichkeit. Und dann ist der große Jürgen Drews so nett, das streichelt die verletzbare Künstlerseele. Ich wusste damals allerdings noch nicht, ob er es ehrlich meint. Aber als er sich auch ein Jahr später noch, in der ganz schweren Phase, ähnlich über mich äußerte, da wusste ich, dass er wirklich so denkt.

Wir flogen im Sommer 2007 beide jede Woche nach Mallorca, traten oft auch an den gleichen Tagen auf. Deshalb saßen wir oft im selben Flieger. Ich bin eher der Typ, der sich zurückzieht. Umso überraschter war ich, als Jürgen sich immer neben mich setzte, wenn das möglich war. In den vielen Gesprächen, die wir auf diesen Flügen führten, hatte ich die Chance, ihn davon zu überzeugen, was ich bin und wohin ich will. Ich konnte viel erklären und ließ mir in die Seele blicken. Er war erstaunt, dass ich eigentlich ein netter Kerl bin. Er gab dann zu, dass das, was er über mich gehört hatte, etwas ganz anderes war. Das ist ja bis heute mein Hauptproblem: dass bereits bevor mich die Menschen kennenlernen eine Lawine an negativen Informationen über sie hereingebrochen ist und dass sich ihr Bild bereits gefestigt hat. Ich merke das auch bei Veranstaltern, die immer erstaunt sind, wie nett und unkompliziert ich bin. Erstaunt, weil sie von »Kollegen« etwas anderes gehört hätten. Ich werde deshalb auch immer wieder gebucht, andere einmal und nie wieder.

Jürgen Drews sagte dann irgendwann zu mir: »Du bist der einzige Künstler, der würdig ist, mein Nachfolger als König von Mallorca zu werden.« Das haute mich fast vom Sitz. Obwohl es nicht mein Ziel ist, seine Nachfolge anzutreten, so ist es doch beeindruckend, aus derart berufenem Munde so geadelt zu werden.

Er hat mir viel über das Schlagergeschäft erzählt, von Neid und Missgunst – was ich leider in der kurzen Zeit meines Erfolgs auch schon erlebt hatte. Er beschrieb, wie er einst selbst gegen die Windmühlen anrannte und wie weh es ihm tat, als asozial oder dämlich hingestellt zu werden. Das Wichtigste sei, sagte er, dass man immer wieder aufstehe. »Dazu aber muss man auch charakterliche Stärke haben. Aber die hast du.« Ich konnte mich nur bedanken.

SPIEGEL-LESER WISSEN MEHR

Mein Leben hatte sich schlagartig geändert. So schnell, dass ich selbst kaum noch mitkam. Im Hinterkopf hatte ich immer noch meine Insolvenz, an der ich seit 2002 knabberte. Aber ich wusste: Jetzt kann ich es schaffen, jetzt bin ich bald da raus. Kurz nach dem Charteinstieg mit *Sie liebt den DJ* bekam ich wieder wichtigen Besuch. Der *Spiegel* hatte sich angesagt. Deutschlands sicherlich bedeutendstes Magazin wollte eine Geschichte über den Wendler bringen. Im Telefonat hatte der Redakteur, Thomas Schulz hieß er, gefragt, ob er mich mal über einen Zeitraum von mehreren Wochen begleiten könne. Er wolle Michael Wendler »ergründen«, sagte er. »Gerne«, antwortete ich, »ich stell dir gerne mal die Welt von Michael Wendler vor. Denn die ist so geil, da muss man einfach mal dabei sein.«

Eine Woche später stand er vor der Tür, ein großer blonder Mann, der sehr zurückhaltend wirkte, zusammen mit zwei Kollegen und vielen Vorurteilen. Vorurteile zu meiner Person und zum Schlager an sich. Er erzählte mir, dass er zwei Themen zur Wahl hatte, das eine sei gewesen, Robbie Williams in Alaska zu besuchen. Das andere eben der Wendler, ein aufstrebender Popschlagersänger aus Dinslaken, der einen Monat zuvor in die Charts eingefallen war wie die Hunnen in Westeuropa. Er sagte mir, dass er den Schnee nicht liebe und auf Alaska keinen Bock hatte. Deshalb habe er sich den Wendler ausgesucht. Das war auch schon eine Sensation für sich, denn ausnahmslos alle seine Kollegen erklärten ihn deshalb für bekloppt.

Dann kam der an, und ich merkte genau, was er dachte: Machen wir mal einen schönen Verriss mit den gängigen Klischees: Schlager, das sind bekloppte Idioten mit Seitenscheitel und Rüschenhemd und bunten Sakkos, die dann Tralalamusik singen. So dachte er. Aber auf einmal stand der Wendler vor ihm. Ein moderner Typ mit Jeans und weißem Hemd, der ihn voller Selbstbewusstsein erst mal in den Arm nimmt.

Er ging dann mit uns auf Tour, drei Wochen lang, und da gab es einiges zu erleben. Ich hab viel zu tun, ich absolviere an die sechs Auftritte pro Woche. Wir zogen durch Festzelte, Diskotheken und Stadthallen. Oft saßen wir bis 6 Uhr morgens zusammen und redeten. So hat er den Hype um Michael Wendler hautnah miterlebt. Jeder Auftritt damals war ein Riesenerfolg, denn die Zeit nach dem Charteinstieg von *Sie liebt den DJ* war besonders geil. Die Leute in den Discos, Festzelten und auf den Open-Air-Konzerten haben den Wendler gefeiert ohne Ende. Es war Party von der ersten Minute an, und die BHs flogen haufenweise auf die Bühne.

Am 9. Juli 2007 erschien der *Spiegel* mit meiner Geschichte. Ich saß auf dem Klo, als ich ihn durchblätterte, und wäre fast vom Toilettensitz gerutscht. Stand da doch als Überschrift: »Bumm, bumm bumm!« Mann, Mann, Mann, hatte der denn gar nichts verstanden? Ich wollte als seriöser Schlagersänger wahrgenommen werden und nicht wieder als Bumm-Bumm-Wendler. Wie wäre es denn mit der Überschrift »Deutschland hat einen neuen Schlagergott«. Oder: »Unfassbar geil – Der Wendler«. Aber dieses Bumm-Bumm war ein Stich ins Herz.

Im Text fanden sich dann Sätze wie: »Es heißt, im Schlagergeschäft brauche es mindestens etwas Wahnsinn und am besten völlige Hemmungslosigkeit, um ein Star zu werden. Demnach muss der Wendler ein großer Star werden.« Oder auch: »In seiner Welt ist der Wendler längst ein Star, aber es ist noch eine kleine Welt, eine

Parallelwelt, die nur in Diskotheken in Bottrop und Festzelten in Duisburg stattfindet.« Und: »Es ist ein Boom, der größtenteils hinter verschlossenen Türen stattfindet, in überfüllten Landdiscos, in Skihütten und bei der Grillparty im Garten. Überall dort, wo Musik nicht cool sein muss, mit politischen Botschaften oder komplexen Gitarrenriffs, wo es die Leute nicht stört, wenn Texte seicht und Melodien krude sind. Hauptsache, die Stimmung ist geil.«

Da wurde der Wendler zitiert mit Sätzen wie: »Auch wenn sonst keiner mehr da wäre, ich würd mich noch beklatschen.« Oder: »Der Wendler wird eine Hysterie im Land auslösen.«

Drei Wochen lang hatten sie mich bei jedem Schritt begleitet. Schön und gut. Die Jungs haben einen Ausnahmezustand in Deutschland miterlebt – und dann so ein Bericht. Ich war tief enttäuscht. Fünf Minuten später klingelte das Telefon, Jörg Hellwig war dran. »Hast du den Bericht gelesen?«, plärrte er so energisch in den Hörer, dass er mir fast aus der Hand fiel. »Gratulation!« »Wieso?«, fragte ich, »der ist doch voll scheiße.« Ich hörte ein Seufzen. »Michael, du hast doch keine Ahnung. Du weißt nicht, was das bedeutet. Das ist in dieser Szene eine Auszeichnung sondergleichen«, sagte er. Hellwig erzählte mir dann minutenlang von den Erfahrungen, die er ansonsten mit der seriösen Presse machte und dass niemand, nicht mal Andrea Berg – und die war Hunderte von Wochen in den Charts – drei Seiten im *Spiegel* bekam. Und richtig, als ich beim abermaligen Durchlesen den für den *Spiegel* obligatorischen Unterton ausblendete, merkte ich, dass der Bericht tatsächlich einen nicht ganz unsympathischen Eindruck hinterließ. Thomas Schulz, der Autor, gestand mir später, er habe den Text noch positiver halten wollen, weil es unglaublich sei, was ich da leiste. Aber gut, das sei halt der *Spiegel* und der müsse eben immer auch ein bisschen böse sein.

Fünf Minuten nachdem Jörg Hellwig aufgelegt hatte, klingelte das Telefon wieder. Und hörte vier Wochen lang nicht mehr auf.

DEUTSCHLAND ZU GAST BEIM WENDLER

In diesen folgenden Wochen bekam ich ein Gefühl davon, was mir bevorstehen würde. Ich glaube, sämtliche Medien Deutschlands schickten eine Delegation zu mir. Und ich, gutmütig, wie ich bin, ließ alle durch mein Haus trampeln. Ich habe mit buchstäblich jedem Kamerateam Deutschlands gedreht, teilweise waren vier gleichzeitig da, RTL, ARD, ZDF und SAT1, und jedes Team in einem anderen Raum. Alle wollten in mich hineinkriechen und wissen, wer dieser Wendler ist. Und ich zeigte gern, wer ich bin und was ich habe.

Das war der große Fehler. Diese Bilder haben die Jungs vom Boulevard natürlich gerne mitgenommen. »Stell dich mal vor den Porsche, stell dich vor das Haus, stell dich neben den Pool« – so ging das die ganze Zeit. Einmal hörte ich einen Kameramann flüstern – ich sollte es wohl nicht unbedingt hören: »Das ist ja eine Goldgrube, das ist genau, was wir brauchen.« Denn die liebten natürlich diese Bilder mit all ihrer Dekadenz. Michael Wendler war auf jedem Sender, und überall sah man die gleichen Bilder: Pool, Porsche und protzige Villa.

Leichtsinnig und medienunerfahren, wie ich war, habe ich alles mitgemacht, was sie mir gesagt und abverlangt haben. Wenn ein O-Ton im Interview mal nicht so prickelnd war, dann haben sie mir vorgesagt, wie er spannender wäre. Und ich hab ihn spannend gemacht. Wie eine Marionette ließ ich mich hin- und herziehen, machte Männchen und fiel kapital auf die Fresse damit. Unglaublich naiv war das. Ich hab in dieser Zeit viel gelernt, nämlich dass nicht alle automatisch nett zu mir sind. Sie sind nett, wenn sie neben mir stehen. Aber wenn sie weg sind, dann verdrehen sie alles , bis es negativ für mich und aufregend für die Zuschauer wird.

Ich habe einfach nicht umrissen, dass du dich in Deutschland nicht vor deinem Porsche fotografieren lassen kannst. Auch wenn du ihn nicht geklaut oder eine Rentnerin darum betrogen hast, sondern ihn dir ehrlich erarbeitet hast. Es geht einfach nicht. Mir war nicht bewusst, wie schnell Neid entsteht, dazu war ich viel zu blauäugig. Erst später habe ich gelernt, damit zu kokettieren, und heute posiere ich natürlich erst recht mit all dem, was ich besitze. Mir ist sehr bewusst, dass ich durch die Art, in der ich mich, meine Familie und meinen Besitz präsentiere, viel Aufsehen errege. Aber ich habe für mich erkannt, dass das mein Weg ist, mein Instrument, um mich zu verkaufen. Und es funktioniert. Denn das traut sich kein anderer, dadurch bin ich einzigartig. Aber es ist auch ein Drahtseilakt, den ich da jeden Tag vollführe. Auf jeder Seite ein Abgrund, aber ich stehe immer noch oben auf dem Seil und balanciere mich so durch. Ich hoffe, dass es nur eine Frage der Zeit ist, bis der Respekt vor mir wächst und das ganze Gezicke um meine Person irgendwann verfliegt. Ich hoffe, dass es irgendwann einfach nur anerkennend heißt: »Mensch, der Wendler, der verkauft sich echt gut.«

Ist es denn nicht irgendwann langweilig, immer wieder zu sagen: »Ach, der Wendler, der ist arrogant, selbstverliebt und eingebildet«? Leute, das ist eine Masche, das ist mein Weg, und ich nutze das für mich aus. Ich bin da irgendwie reingerutscht, ich habe das nicht unbedingt angestrebt. Ich will wie alle Menschen nur geliebt werden, heute und damals wollte ich nichts anderes. Ich wollte dafür anerkannt werden, dass ich mich von ganz unten hochgestrampelt habe.

Ich konnte ja keinem etwas von meiner Insolvenz erzählen. Jedes Kamerateam Deutschlands trampelte über meinen Wohnzimmerteppich, alle haben über mich geschrieben, auch die größte Zeitung Deutschlands war da. Aber keiner hat etwas über die Insolvenz herausgefunden. Ich dachte mir nur: Wie schlecht recherchieren die eigentlich? Ich habe jeden Tag damit gerechnet, aufzufliegen. Als nichts passierte, wurde ich immer selbstsicherer. Irgendwann glaubte ich fest daran. »Wendler, die letzten Meter, die schaffst du jetzt auch noch.« Es waren ja 2008 schon 95 Prozent der 3 Millionen abbezahlt. Die letzten Meter schaffst du noch.

Denkste.

KAPITEL 11

DIE BOMBE PLATZT

3 Millionen Euro.

So eine Summe muss man erst einmal verdauen. 3 Millionen Euro Schulden hatte ich am Hals, und es waren nicht meine Schulden. Es waren 3 Millionen Schulden meines Vaters, die ich abzahlen musste. Als normaler Mensch hat man da keine Chance. Wenn man, wie ich, Speditionskaufmann war und 2000 Euro netto im Monat verdient hat, dann kann man einpacken. Das ist dein Ende, so eine Summe kannst du nie mehr in deinem Leben erwirtschaften. Jahrelang habe ich abgezahlt, seit ich 2002 Insolvenz angemeldet habe. Weil ich damit nicht mehr leben wollte, weil ich nach der Geburt meiner Tochter etwas ändern wollte, ja, musste.

Und das möchte ich an dieser Stelle ganz klar festhalten: Ich habe jeden Cent zurückgezahlt.

Ich hätte es mir leicht machen und auf die Restschuldbefreiung setzen können. Denn in der Privatinsolvenz werden dir ja irgendwann die restlichen Schulden erlassen. Das ist der Sinn des Ganzen. Man zahlt einen gewissen Teil ab, tut Buße, indem man sechs Jahre bescheiden und mit eingeschränkten Rechten am Existenzminimum lebt, und der große Rest wird aus deinem Leben entfernt.

Dass einer wie ich *alles zurückzahlt*, ist also eher ungewöhnlich. Auch wenn es rechtlich machbar gewesen wäre, meine Einnahmen irgendwohin abzuleiten und nichts oder nur wenig zurückzuzahlen und dann auf die Restschuldbefreiung zu warten – ich habe es nicht getan. Es wäre mir wie Diebstahl vorgekommen, und an gestohlenen Dingen kann ich mich nicht erfreuen. Ich bin ein ehrenvoller Mensch und ich stehe zu meinem Wort. Für mich ist dieser Ehrbegriff sehr wichtig.

Ich hätte es mir noch einfacher machen können und zum Beispiel nach Frankreich ziehen und dort Insolvenz anmelden können. Dort dauert so ein Verfahren rund ein Jahr. Ich hätte dann zwar dort leben müssen, aber das wäre machbar gewesen. Ich habe es nicht getan, obwohl mir viele dazu rieten. Doch es wäre feige gewesen. Ich habe mich in Dinslaken gestellt, obwohl mein Vater dort einen Scherbenhaufen produziert hatte, der nun voll auf mich zurückfiel. Der Ruf der Familie Skowronek war ruiniert.

Ich sage es noch einmal: Es waren die Schulden meines Vaters, die ich hier abzuzahlen hatte.

Richtig ist, dass ich am 29. April 2002 beim Duisburger Amtsgericht Privatinsolvenz angemeldet habe. Zum damaligen Zeitpunkt – jeder kann das ein paar Seiten weiter vorne nachlesen – war ich ein erfolgloser Schlagersänger, der im Eigenvertrieb CDs produzierte und an den Mann brachte. Der gelegentlich in Diskotheken auftrat und auch ein paar Euro dafür bekam. Für mich war diese Privatinsolvenz der einzige Weg, um mir ein neues Leben aufzubauen. Ich war dafür offiziell bei CNI Records angestellt, denn in der Insolvenz konnte ich selbst keine Firma führen. Und CNI Records gehörte, wie alles andere, meiner damaligen Freundin und heutigen Frau Claudia. Das bedeutet: Hätten wir uns getrennt und hätte sie dann einen schlechten Charakter gezeigt, dann hätte ich nichts mehr gehabt. Ich war angestellt, bekam mein Gehalt und davon wurden auch die Schulden bezahlt. Das war der einzige Weg, meine Karriere da rauszuhalten. Wie es anders geht, sieht man bei Schlagersängerin Michelle. Auch sie hat ihre Karriere beendet, weil sie diesen Druck nicht mehr ausgehalten hat. Diese Angst, gleich einen Auftritt zu haben und gleichzeitig den Gerichtsvollzieher im Nacken, der kassieren will – das ist unerträglich.

Es wäre furchtbar gewesen, wenn die Gläubiger bei einem Auftritt hinter der Bühne auf mich gewartet hätten. Die Konsequenz wäre gewesen, dass mich kein Veranstalter mehr gebucht hätte und ich erst recht nicht aus der Scheiße rausgekommen wäre. Ich habe letztlich bewiesen, dass so eine Insolvenz etwas Gutes ist. Denn ich hatte die Chance, unbehelligt von ständigen Verfolgungen ein neues Leben aufzubauen und mich wieder neu zu organisieren. Heute bin ich wieder der größte Steuerzahler Dinslakens. Das wäre nicht passiert, hätte ich 2002 meine kargen Gagen an die Gläubiger abgegeben. Dann wäre ich Hartz-IV-Empfänger geworden und würde der Allgemeinheit auf der Tasche liegen, da bin ich sicher. Aber das wird leider ignoriert.

Ich mache etwas, das in Deutschland verpönt ist: Ich zeige, was ich habe. Und das ist dekadent und angeberisch und wird niedergemacht.

Seit diesem Jahr 2002 habe ich auf den großen Knall gewartet. Von Jahr zu Jahr wurde ich bekannter, von Jahr zu Jahr verstärkte sich das Zittern. Ich habe gezittert, dass berichtet würde, dass der Wendler ein großspuriges Arschloch ist, der Porsche fährt, aber seine Gläubiger auf sein Geld warten lässt. Weil ich selbst erlebt habe, wie die Medien ticken. Da will keiner die differenzierte Wahrheit hören. Und wäre es bekannt geworden, dass ich mich in

Privatinsolvenz befinde, es hätte mich sicher gekillt. Niemals hätte mich die Sony Ariola 2007 mit einem Millionenvertrag gesegnet. Die hätten schön die Finger davon gelassen. Dabei habe ich all die Jahre gezahlt. Mal ein paar hundert Euro, mal ein paar tausend. Und dank des großen Deals war ich 2008 so weit, dass nur mehr knapp 5 Prozent fehlten. Die letzten Meter eben.

Am 15. April 2008 wurde ich dann doch noch auf den letzten Metern abgefangen. Die *BILD*-Zeitung veröffentlichte mein Geheimnis, obwohl ich sie darüber informiert hatte, wie es steht: Dass ich fast durch war und alle ihr Geld entweder schon bekommen hatten oder noch bekommen würden. Ich hatte von Mallorca aus, wo ich gerade urlaubte und deshalb auch in meiner Kommunikation etwas eingeschränkt war, noch versucht, die *BILD* davon abzubringen. Vergeblich. Mein Argument, dass in Kürze alles bezahlt wäre und deshalb bald keiner mehr davon reden würde, parierte der Redakteur mit den Worten: »Ja, gerade deswegen müssen wir das jetzt bringen. Jetzt hast du noch Schulden, und deshalb ist es interessant.« Ich habe die Redakteure inständig gebeten, ihre reißerischen Berichte nicht zu veröffentlichen. Aber am nächsten Tag hieß es: »Er rollt zu seinen Auftritten in der polierten Stretch-Limo vor, posiert vor teuren Autos und Motorrädern – und macht seine Gläubiger damit wütend. Schlagerstar Michael Wendler und sein Insolvenz-Geheimnis. Wie kann er sich den Luxus leisten, obwohl er doch am 29. April 2002 Privatinsolvenz angemeldet hat?«

In Millionenauflage landeten diese scheinheiligen gedruckten Fragen an den Kiosken und in den Köpfen der Menschen. In der Folge war natürlich Budenzauber angesagt, das Telefon klingelte im Sekundentakt. Meinem Manager Heiko Schulte-Siering und mir lauerten RTL-Teams vor der Wohnungstür auf und verfolgten uns und unsere Familien.

Ich fühlte mich macht- und wehrlos, zum ersten Mal in meinem Leben kam etwas Privates ans Licht, das ich nicht so gerne in der Öffentlichkeit sehen wollte. Besonders wütend machte mich das Verhalten mancher Medien, nicht nur das der *BILD*. Man muss das auch einmal in seiner Gesamtheit sehen: Ich lebe nicht hinter hohen Mauern oder geheim irgendwo im Ausland – es kommt ohnehin dazu, dass ich meinen Wohnsitz immer in Dinslaken-Hiesfeld hatte, auch das wollte keiner positiv werten. Viele Menschen wissen, wo ich wohne, oder können es leicht herausfinden. Nach dieser Schmutzkampagne hätte es auch passieren können, dass jemand bei mir vorbeigefahren wäre, mein Haus beschädigt oder meine Familie bedroht hätte. Nach dem Motto: »Der Wendler, die Sau, der nimmt seine Fans aus, die Gläubiger gucken in die Röhre, weil er sie verarscht und selbst im Luxus lebt.«

RTL hatte mein Haus auf Mallorca ausfindig gemacht und belagerte mich und meine Familie förmlich. Wie im Mittelalter, nur ohne kochenden Teer, den ich die Burgmauern hätte hinunterschütten können. Drei Tage lang parkte der Ü-Wagen vor meinem Haus auf Mallorca, und RTL machte von dort aus eine Live-Schaltung. Ich saß drinnen und sah plötzlich live im Fernsehen mein Haus von außen. Man kann sich nicht vorstellen, was das für einen Druck für mich bedeutete. Man warf mir vor, ich habe in Saus und Braus gelebt und meine Gläubiger wären leer ausgegangen. Ich habe daraufhin darum gebeten, dass man mir einen einzigen Gläubiger zeigen solle, der bestätigen würde, er habe sein Geld nicht bekommen. RTL hat gesucht, aber keinen gefunden. Von 120 Gläubigern wollte keiner vor der Kamera aussagen. Die Fernseh-Paparazzi läuteten Sturm, also haben wir uns erst mal eingeigelt. Schließlich mussten wir uns absprechen, meine Familie und mein Manager Heiko Schulte-Siering, wir mussten Informationen sammeln, was genau mir vorgeworfen wurde, damit ich vernünftig argumentieren konnte.

Das Zurückziehen hinter die Mauern meiner mallorquinischen Festung hatte natürlich zur Folge, dass es aussah, als hätte ich etwas zu verbergen. Es entstand eine extreme Stimmung, und die Berichterstattung wurde immer schärfer. Man suchte händeringend Menschen in meinem Umfeld, die etwas Negatives über mich erzählen wollten. Seit den tollen Berichten in Magazinen wie dem *Stern* und dem *Spiegel*, in denen ich ja hochgelobt wurde, hatte ich quasi einen Heiligenschein. Ich war der absolute Überflieger der Schlagerszene. Da wollten manche diesen Thron einfach umstoßen, damit Michael Wendlers weiße Weste dreckig wurde.

Man wollte mich ans Kreuz nageln – schließlich bin ich ein Typ, der polarisiert. Ein Jahr zuvor gingen Bilder durch die Agenturen, auf denen ich vor dicken Autos oder vor meinem Pool rumstehe. Und das macht einen Typen, der pleite ist, zu einem gefundenen Fressen für den Boulevard.

Sogar das Duisburger Amtsgericht ließ sich anstecken. Denn auch als ich ein paar Wochen später tatsächlich alles abgezahlt hatte, ließ es sich noch bis April 2009 Zeit, um mir das schriftlich zu bestätigen – und mir damit die Gesamtfreigabe für die abgeschlossene Insolvenz zu bescheinigen. Wahrscheinlich prüfte das Gericht, aufgeschreckt durch die schlechte Presse, noch einmal alles besonders gründlich. Dieses weitere Jahr haben manche Medien ausgenutzt, weil ich nicht belegen konnte, dass ich alles abgezahlt hatte. Es war eine Hexenjagd. Auch mein Rechtsanwalt sagte, er habe so etwas noch nicht erlebt.

ANDERE SCHULDNER

Dabei gibt es, was das Machen von und das Leben mit Schulden betrifft, ganz andere Beispiele. Bei denen sagt aber keiner was. Matthias Reim etwa, der angeblich viele Millionen Schulden hat und trotzdem im Luxus lebt.

Ich traf ihn später einmal eher zufällig im Tonstudio auf Mallorca, wo er lebt. Das heißt, ich hatte das Tonstudio gebucht, um einen neuen Hit zu produzieren. Reim rief an, der Tontechniker meinte, er könne gerade nicht, weil der Wendler da sei. Daraufhin wollte Reim unbedingt vorbeikommen und fragte, ob er mich mal sprechen dürfe. Eine Viertelstunde später kam seine Harley auch schon ums Eck geknattert. Er war total glücklich und berauscht vom Erlebnis des Harley-Fahrens. Wir sprachen übers Motorrad und übers Fahren, und er wollte unbedingt, dass ich mir seine Harley genauer ansehe. Da brannte ein Feuer in seinen Augen, das mich total überraschte. Ich denke 24 Stunden am Tag an meine Musik. Anfangs fand ich es spannend, aber dieser Matthias Reim wollte über nichts anderes reden als über sein Motorrad. Dabei hätte ich so gerne mehr über ihn erfahren.

Warum er zum Beispiel seit Jahren auf Mallorca lebt und nicht in Deutschland. Warum er seine Schulden nicht zurückzahlt und das bei einer Gage von angeblich gut 25 000 Euro pro Auftritt. Warum er die Miesen nicht anpackt. Er hätte mich auch gerne mal fragen können – ich hätte ihm gern ein paar Tipps gegeben und einiges näher beleuchtet. Aber da kam gar nichts. Es wirkte wie eine Flucht nach dem Motto: »Augen zu, scheißegal.«

Ich glaube, er hat irgendwann einfach zugemacht, vielleicht aus großer Naivität. Dass er dachte, er könne flüchten und nur noch von 1990 träumen, als er einen Nummer-1-Hit (*Verdammt ich lieb dich*) und danach gleich noch einen Nummer-2-Hit (*Ich hab geträumt von dir*) hatte und sehr, sehr viel Geld verdiente. Aber er ist nach wie vor ein begnadeter Künstler, der unheimlich viele Fans hat. Aufgrund seiner Schulden hat er nur kein Interesse mehr daran, in Deutschland aufzutreten. Aber dass ein erwachsener Mann sich seiner Situation so verschließt und die Augen zumacht – obwohl unser Staat ja einige Möglichkeiten bietet –, dass einer so tief resigniert, das macht mich schon fast wieder wütend. Das sind Perlen vor die Säue. Und wo sind die Freunde von damals? Wo ist die Plattenfirma?

Es gibt ja einige Künstler in der deutschen Schlagerszene, die sich jahrelang mit Schulden durchgeschlagen haben und sich wie im Falle Matthias Reim völlig aus der deutschen Musiklandschaft zurückgezogen haben.

So ein Fall ist auch Nino de Angelo. Mein Gott, was hab ich den als Kind bewundert! Sein Riesenhit *Jenseits von Eden* lief ja im Winter 1983/84 ständig im Radio. Ich weiß noch, wie ich morgens im Schulbus saß und mitgesummt habe. Schlager waren damals schon uncool, aber dieses Lied, diese Melodie und diese Stimme haben außer mir auch anderen gefallen. Umso erstaunter war ich, als ich Nino de Angelo vor einigen Jahren persönlich kennenlernte. Da saß mir doch ein sehr bescheidener, fast schon verängstigter Typ gegenüber. Dabei könnte er ein Megastar sein. Noch immer!

Doch genauso schnell, wie Nino de Angelo 1983 durch die Decke ging, stürzte er wieder ins Basement. So etwas ist in der Branche immer wieder zu beobachten: Wenn du deine Songs nicht selbst schreibst und viel an dir, deinen Fans und deiner Karriere arbeitest, wenn du nicht selbst dafür sorgst, dass du auch im nächsten

Jahr wieder ein Album an den Start bringst, dann bist du schnell weg vom Fenster. Dennoch kann ich nicht verstehen, warum ein Nino de Angelo wie ein verängstigtes Häschen durch die Welt hoppelt. Echt schade. Aber er hat das Thema Insolvenz angepackt. 2005 hat er Privatinsolvenz angemeldet, das heißt, 2011 kann er auf die Restschuldbefreiung hoffen und ein neues Leben beginnen.

Ja, auch Nino de Angelo kam trotz der Millionen, die er verdient hatte, in eine finanzielle Schieflage. Wie Reim, wie Michelle, wie Gunther Gabriel und viele andere. Bei Nino hatten sich immerhin angeblich 1,5 Millionen Euro angehäuft. Es ist schwer zu verstehen, aber gerade erfolgreiche Senkrechtstarter im Musikgeschäft sind enorm gefährdet. Als mein Steuerberater mir kürzlich offenbarte, was unsere kleine Wendler-Firma im Jahr 2009 umgesetzt hatte, da bekam ich weiche Knie. Man verdient ja auf den ersten Blick unglaublich viel Geld. Noch weichere Knie bekam ich allerdings, als der Steuerberater mir die Zahl zeigte, die ich ans Finanzamt abführen musste. Wenn man jung ist und in so einen Erfolg hineinrutscht, kann man mit so hohen Beträgen gar nicht umgehen. Man hat einen Riesenhit und noch einen passablen Nachfolgesong, der ja oft eiligst nachgeschoben wird, es folgt eine Tour, dazu ein paar Fernsehauftritte; es läuft eine Zeit lang sehr gut, und auf dem Konto werden die Zahlen immer größer: erst fünf-, dann sechs- und schließlich siebenstellig.

Aber irgendwann, wenn man nicht wie ich eine solide Basis an Fans und Ideen aufgebaut hat, geht es im zweiten oder dritten Jahr wieder bergab. In der ganzen Zeit des rauschenden Erfolges gibt man das Geld aus, man vertraut windigen Beratern und denkt nicht im Traum daran, dass man knapp die Hälfte der Einnahmen für die Steuer zurücklegen muss. Das Dumme ist, dass das Finanzamt nicht gleich kommt, sondern sich erst im zweiten oder dritten Jahr meldet. Nicht aus bösem Willen. Aber Steuerberater und Finanzbeamte brauchen Zeit. Das ist einfach so und das muss man sich immer klarmachen. Das Finanzamt verlangt dann die Steuern für die letzten Jahre und dazu noch eine Vorauszahlung, die sich an den opulenten Einnahmen der vorausgegangenen Jahre bemisst. Wenn ein junger Künstler dann auf einen Schlag 700 000 Euro für ein Jahr zahlen muss, erschlägt ihn das. 1, 2 Millionen, zahlbar sofort. Aber du hast ein bisschen Geld verballert, wie du das als junger erfolgreicher Superstar eben machst, der denkt, ihm gehört die Welt. Vielleicht spekulierst du auch ein wenig und lässt dir Immobilien oder andere Geldanlagen aufschwatzen. Wie schnell so etwas schon den Normalbürger einholen kann, haben viele ja in der Finanzkrise 2008 erlebt. Das Immobilienprojekt floppt, andere bereichern sich an dir oder beraten dich einfach falsch. Als ob das nicht schlimm genug wäre, kommen eines Tages auch noch irgendwelche Gebühren- und Steuernachzahlungen hinterher. Wenn du dann deinen beiden Hits nichts mehr folgen lassen kannst, bist du ganz schnell erledigt.

ES GEHT WEITER

Was bleibt von diesem Horrorfrühjahr 2008? Es war letztlich eine wichtige Erfahrung für mich, die mich sehr geprägt hat. Ich habe gemerkt, wer hinter mir steht und wer nicht. Nicht mal mein eigener Vater, dank dem ich erst in den ganzen Schlamassel geraten war, stand hinter mir. Obwohl er mich damals nicht darüber aufgeklärt hatte, wie es um seine Firma stand, bevor ich sie übernahm. Nur aus Angst, die Nachbarn könnten etwas merken, wenn die Firma zu ist und das Haus verkauft. Dafür hätte er sich ja mal ein wenig schämen oder Verantwortung übernehmen können.

Nein, er hat schließlich in den Medien sich als Opfer und mich als Lügner hingestellt. Wenn der eigene Vater im Fernsehen über seinen Sohn sagt: »Das ist ein Schlechter«, dann kann man sich vorstellen, wie die Öffentlichkeit reagiert. Ich war sprachlos, dass mein eigener Vater, dem ich vertraut hatte, für den ich fast mein Leben ruiniert hatte, mir so in den Rücken fallen konnte. Das kann ich ihm nicht verzeihen. Niemals.

Man muss sich nur einmal ansehen, was weiter passierte. Nachdem ich die Privatinsolvenz angemeldet hatte, hat mein Vater diese elende Spedition auf meine arme Mutter überschrieben. Er hat sie mit in sein Unglück gezogen, bis er wieder pleite war. Als er seine ganze Familie mit den Schulden ruiniert hatte, als alle platt waren, da hat er meine Mutter nach 35 Jahren Ehe verlassen und hat sich eine Jüngere gesucht. Und mal wieder eine neue Firma gegründet. Mit einer Dame aus meinem Fanklub. Die Frage, warum sich eine meiner Fans mit einem meiner schlimmsten Widersacher eingelassen hat, ist schwer zu beantworten. Aber mein Vater ist sehr wortgewandt. Ein Schauspieler, der so gut und überzeugend lügt, dass er jeden um den Finger wickeln und auspressen kann. Die neue Firma ist übrigens mittlerweile wieder pleite. Aber mein Vater ist wie eine Wanderheuschrecke. Jetzt hat er seinen neuen Schwiegervater mit reingezogen.

All diese Erlebnisse haben mich aufgerüttelt und erschreckt. Ich finde es bedenklich, geradezu gefährlich, wie schnell ein Mensch in diese Maschinerie geraten kann. Und dass man ihm dann auch gar nicht mehr zuhört, die Wahrheit nicht wissen will, und dass gar nicht mehr differenziert wird. Meine frühere Leichtigkeit und Leichtfertigkeit verlor ich im April 2008. Ich fürchte, die kommt nicht mehr wieder.

Drei Tage nach diesem Martyrium war ein schon länger fixierter Auftritt anberaumt. In der Diskothek Ballermann 6 in Mülheim. Ich hatte höllische Angst davor. Aber ich riss mich zusammen und sagte zu mir: »Das machst du! Gehst hin und schaust, wie die Leute reagieren.« Schon als ich ankam, standen vor der Tür der Diskothek an die tausend Menschen. Ich fragte den Veranstalter, warum er die nicht reinlasse. Er sagte: »Das geht nicht mehr, drinnen ist es voll. So einen Ansturm habe ich noch nie erlebt.«

Ich war baff. So viele Leute. Meinetwegen. Wollten die mir helfen oder mich endgültig fertigmachen? Ich hatte kein Gefühl mehr dafür, aber meine Angst legte sich schnell, als ich auf die Bühne kam und die Leute ausflippten. Es flogen Münzen auf die Bühne, und ich sah lachende Gesichter über T-Shirt-Aufschriften wie: »Wendler ist pleite.« Sie nahmen es mit Humor. Diese Woche hat mich mit meinen Fans noch enger zusammengeschweißt. Je mehr die Medien auf mich draufgehauen haben, desto größer wurde mein Erfolg. Für die Fans war ich vom dekadenten Arschloch zum liebenswerten Wendler mutiert.

Liebenswerte Gesten, Verständnis, Mitleid. Jedenfalls habe ich nie so viele CDs verkauft wie in dieser Zeit. Es entstand eine fast schon unheimliche Eigendynamik. Nicht einmal die Angriffe von »Kollegen« wie Mickie Krause, der meinte, er müsse sich mit einem Lied über mich lustig machen, konnten mir etwas anhaben.

So ist letztlich alles gut ausgegangen. Aus heutiger Sicht war es genau richtig, es mir nicht leicht zu machen und die Restschuldbefreiung nicht in Anspruch zu nehmen. Denn nun bin ich frei. Ich bin jetzt glaubwürdiger, denn gerade in seriösen Medien, wie ARD oder ZDF, wäre ich mit dem Makel, ein Lügner und Betrüger zu sein, kein Dauergast geworden. Viele Menschen haben das mittlerweile auch verstanden. Einige aber wundern sich immer noch: »Der Wendler im Lambo? Ich dachte, der ist pleite.«

Bei vielen Leuten bleibt wohl ein Beigeschmack. Wahrscheinlich bleibt tatsächlich immer etwas hängen. Und das tut weh. Eigentlich sollten die Medien Dinge auch richtigstellen, wenn sie davon erfahren. Aber es ist bis heute kein einziger Artikel erschienen, in dem steht, dass das Thema Insolvenz erledigt ist und ich es aus eigener Kraft geschafft habe.

Schade.

KAPITEL 12

DAS BLATT WENDET SICH

Als ich noch kein großes Label an meiner Seite hatte, war ich eigentlich überall beliebt. Ich war nur der kleine Wendler und für niemanden eine ernsthafte Bedrohung. Niemand hat erwartet, dass ich einmal so durch die Decke schießen würde. Seit dem Riesendeal mit der Sony Anfang 2007 wurde ich schon mehr beachtet. Und ich habe den Eindruck, bereits ab da begaben sich die ersten Kollegen in Lauerstellung: Mal abwarten, was er nun macht. Dann kamen die Superhits *Sie liebt den DJ* im Mai 2007 und dann noch *Nina* im März 2008. Bis dahin war das eine extrem geile Zeit. So stark wie damals war ich nie zuvor und auch nie wieder danach. Alle waren mundtot gemacht, weil ganz Deutschland meine Titel sang und ich wahnsinnig viele Fans hatte. Seit dem 15. April 2008 ist die Welt für mich anders. Denn nun kamen sie aus ihrer Lauerstellung, witzelten und lachten – und das tat sehr weh.

Es war natürlich keine Überraschung. Neid ist ein Gefühl, das in uns Menschen fest verankert ist. Auch ich bin manchmal neidisch auf Dinge, die andere können und haben. Auch ich kann nicht leugnen, dass ich es ihnen dann am liebsten wegnehmen würde. Dass man aber auf einem Menschen herumhackt, ohne nachzudenken, kann ich nicht nachvollziehen, das würde ich niemals tun. Ich würde immer nach den Hintergründen dafür fragen, wie jemand handelt. Egal, was man ihm vorwirft. Wenn ich die Hintergründe nicht kenne, dann halte ich die Klappe. Ich glaube, ich hätte das auch früher nicht anders gemacht. Aber seit ich am eigenen Leib erfahren musste, wie schlimm das ist, werde ich niemals jemanden leichtfertig anschuldigen.

Ich bin ein Mensch, der lieber das Miteinander fördert, auch wenn in der Schlagerbranche ansonsten Neid und Missgunst vorherrschen. Ich habe viel für andere Künstler getan, aber andere haben umgekehrt lange nicht so viel für mich getan. Ich dachte, wenn wir alle zusammenhalten, dann könnten wir viel für den deutschen Schlager erreichen. Mein oberstes Ziel war immer, dem deutschen Schlager zu neuer Blüte zu verhelfen. Viele Insider bestätigen mir, dass es mir auch gelungen ist, den Schlager wiederzubeleben, dass durch mich ein Boom entstanden ist, dass ich den Laden entstaubt und aufgemischt habe. Aber ich bin nie ein Einzelkämpfer gewesen, ich habe auch immer für die Kollegen mitgekämpft. Ich freue mich, wenn wir alle zusammen große Erfolge feiern und die Charts mit unseren Liedern bereichern. Bis vor drei Jahren, bis ich durchstartete, da gab es in den internationalen Top 100 keine deutschen Schlagerkünstler. Jetzt sind die Hitlisten voll davon.

IMMER AUF DEN WENDLER

Der Wendler ist ein Phänomen, so etwas gab es vorher nicht. Das hört man oft. Ich finde in Volksmusiksendungen statt, in Talkshows aller Art – sei es das Frühstücksfernsehen oder Spätabendgeplauder im Dritten. Ich bin zu Gast bei Florian Silbereisen genauso wie bei Stefan Raab oder Oliver Pocher. Meine Lieder sind auf den »Ballermann-Hits« ebenso vertreten wie auf der Musikantenstadl-CD. So eine Vielfalt ist völlig neu. Der Wendler kommt überall gut an. Ich habe in den letzten 24 Monaten rund 600 000 Alben verkauft und habe gerade meinen Vertrag mit der Sony Ariola um fünf Jahre verlängert. Auch das hat es im deutschen Schlagerbereich schon sehr lange nicht mehr gegeben. Schon gar nicht in unserem 21. Jahrhundert, in dem die Schallplattenfirmen keine Vorablizenzen mehr verteilen, sondern die Künstler zwar unter Vertrag nehmen, aber erst zwei Jahre später abrechnen. Auch in der Tonträgerindustrie genießt der Wendler inzwischen ein unglaubliches Vertrauen.

Bei anderen sieht es lange nicht so gut aus. Wenn man sich Künstler ansieht wie Claudia Jung, Roland Kaiser oder Kristina Bach, die manchmal unter 20 000 Alben verkaufen, ist das natürlich im Vergleich zu meinen Zahlen nicht sehr prickelnd. Und dann kommt so ein Wendler daher – völlig aus dem Nichts – haut auf die Kacke wie Sau, zieht an allen vorbei und rührt die ganze Scheiße richtig auf. Wenn man die Messlatte ganz woanders ansiedelt, nämlich bei 600 000 CDs in einer Branche, in der bei jemanden mit 20 000 verkauften CDs schon der Schampus entkorkt wurde, dann ist klar, dass einen diese Leute skeptisch betrachten und erst einmal nicht mögen.

Man erfährt das aber immer nur zufällig und hintenrum. Die Branche ist ja auch sehr klein. Der eine Manager erzählt es seinem Saufbruder, der wiederum einem anderen, und schon ist die Story bei meinem Management. Zwei, drei Ecken, mehr braucht man nicht in der kleinen Schlagerwelt. Die Klugen behalten ihre Kritik und ihre Lästereien natürlich für sich – aber davon gibt es ja viel, viel zu wenige in diesem Geschäft.

Es gibt aber auch Kollegen, die sehr nett und freundlich sind. Natürlich weiß man nie, wie jemand wirklich denkt, während er dir lächelnd die Hand gibt. Aber einigen nehme ich ihre Freundlichkeit wirklich ab. Obwohl es enttäuschend ist, wie wenige es letztendlich sind. Ich hatte schon gehofft, dass in dieser Heile-Welt-

Branche etwas mehr Nettigkeit und Empathie hinter den Kulissen anzutreffen ist. Aber da habe ich mich natürlich kolossal geirrt.

Es gibt wenige, die über den Dingen stehen, die den Erfolg der anderen, also meinen zum Beispiel, gutmütig betrachten oder sich sogar mitfreuen. Noch weniger begreifen, dass es dem deutschen Schlager guttut, dass es den Wendler gibt. Dass er eine Bereicherung ist, dass man keine Angst vor ihm haben muss und dass man Konkurrenz als etwas betrachten kann, das das Geschäft belebt. Nicht umsonst gibt es das geflügelte Wort. Ist ja auch so: Die Leute geben sich wieder mehr Mühe und denken wieder nach, wenn so ein Abräumer wie ich daherkommt.

Oder sie versuchen, meinen Erfolg nachzubauen. Sie gehen ins Studio, analysieren meine Songs und sie fragen sich: Warum funktioniert der Wendler so gut, aber ich nicht? Dann versuchen sie, dort ein paar Basedrums, hier einen Synthesizer und da einen internationalen Sound einzubauen. So einfach ist es dann zwar nicht, aber ich freue mich schon, wenn ich Leute dazu anrege, ein bisschen kreativ zu sein und neue Wege zu gehen.

SCHUTT UND ASCHE – GEDANKEN NACH DEM ABSTURZ

Die Wochen, nachdem die Bombe der Privatinsolvenz geplatzt war, veränderten mich sehr. Plötzlich bekam ich das andere Gesicht der Branche zu sehen. Viele Promis – oder solche, die sich dafür halten – wurden zu mir befragt. Leute, die mich nicht einmal kannten, holten auf einmal den Hammer raus. Manche haben sich hinterher zwar entschuldigt, aber das ist erst recht eine Heuchelei, auf die ich gar nicht stehe. Dann sollen sie lieber sagen: »Okay,

Wendler, ich find dich scheiße«, und nicht immer so tun, als seien sie nur falsch zitiert worden und dadurch selbst Opfer geworden.

Ob nun Anja Lukaseder, diese freche Emanze mit der Raucherstimme, die man nicht einmal mehr in der *Deutschland sucht den Superstar-* Jury haben wollte, weil man wohl annahm, dass sie unter Kompetenzmangel leidet. Oder Uwe Hübner, immerhin ehemaliger Moderator der ZDF-*Hitparade* und damit ein Experte in der Schlagerbranche. Oder Knalltüten wie Mickie Krause, dem außer *Nackten Friseusen* und *Finger im Po* nichts eingefallen ist, und natürlich Big-Brother-Jürgen, dessen schöpferische Leistung und künstlerische Daseinsberechtigung mir auch nach zehn Jahren noch immer nicht klar geworden sind. Ihnen allen fiel nichts Besseres ein, als über mich herzuziehen.

Ganz extrem war Bernhard Brink, dieses abgewrackte Schlager-Schlachtschiff. Er wälzte sich förmlich in dem Insolvenz-Thema. Er meinte: »Ja, der Wendler, immer einen auf dicke Hose machen, Pool, Porsche, Haus, da sieht man nun, was dahintersteckt.« Er selbst sei zwar nie ganz oben gewesen, auch nie ganz unten, habe immer auf sein Geld aufgepasst, immer alles richtig gemacht, brav angelegt und brav seine Steuern bezahlt. Aber wenn man immer so auf die Kacke hauen würde wie der Wendler, dann brauche man sich nicht zu wundern, wenn man irgendwann pleite sei. In diesem Ton ging das eine kleine Ewigkeit. Das hat mich schon sehr enttäuscht, denn im Kern sagten alle das Gleiche, wussten nur überhaupt nicht, wovon sie reden. Sie wussten weder, dass diese Schulden uralt waren, überhaupt nichts mit meiner Schlagerkarriere zu tun hatten und vor allem, dass ich sie nicht gemacht hatte, sondern mein Vater. Und ich konnte zum damaligen Zeitpunkt natürlich auch nichts erklären. Nicht, wie mich die Medien ein Stück weit als dekadenten Heini aufgebaut hatten, indem sie so gerne opulente Bilder produziert hatten. Aber niemand fragte jemals: Wem gehört denn der Ferrari, auf dem sich der Wendler da fläzt? Im Zweifel war es immer ein Sixt-Leihwagen fürs Fotoshooting.

Ich glaube schon, dass ich im Leben alles richtig gemacht habe. Ich habe mit meiner Musik eine Karriere hingelegt, die keiner dieser Heinis so oder ähnlich vorweisen kann. Dabei habe ich es nicht nur geschafft, Schulden abzuzahlen, die ich gar nicht gemacht hatte, sondern ich kann jetzt sogar ein sehr luxuriöses Leben führen. Ich finde es bei Bernhard Brink und auch bei Roland Kaiser – die mich beide sehr scharf und unfair angegangen sind – doppelt bedauerlich, weil ich beide einmal bewundert habe. Ich habe sie als Menschen und als Künstler verehrt, schon als Teenager, als es weiß Gott nicht präsentabel war, deutsche Schlager zu hören.

Wenn man so enttäuscht wird, fragt man sich schon, warum man jemanden wie Roland Kaiser gut finden soll. Jemanden, der angeblich noch nicht einmal seine Lieder selbst schreibt, sondern nur heruntersingt, was ihm vorgesetzt wird. Wenn also schon künstlerisch der Respekt schwindet und man dann auch noch merkt, dass derjenige menschlich ein totales Arschloch ist, dann ist leider alles zu spät. Und das war der Fall, insbesondere bei Bernhard Brink, der den Neid nach außen gekehrt hat und regelrecht glücklich schien, dass er auf mich einprügeln konnte.

Wie manche Fernsehsender ticken, das merkte ich in dieser Zeit an RTL. Ich sollte bei der Sendung *Die 10 verrücktesten Mallorca-Sänger* mitmachen. Eine dieser halbstündigen Ranglisten-Shows, wo Promis aus den hinteren Reihen der Popularität bestimmte Ereignisse, Lieder oder Gegebenheiten launig kommentierten. Man fragte also an und schlug vor, dass die Moderatorin Sonja

Zietlow mich auf Mallorca treffen und interviewen sollte. Man sagte mir, man wolle mich auf Platz drei setzen, weil ich so erfolgreich sei und das auch locker verdient hätte. Ich habe dann trotz all des Honigs, der mir ums Maul geschmiert wurde, abgesagt, weil ich die Überschrift schon idiotisch und peinlich fand – ich bin weder verrückt noch ein Mallorca-Sänger. Vermutlich aus Wut darüber haben sie mich dann auf Platz neun gesetzt und nur Promi-Stimmen eingespielt, die vernichtend waren. Dann haben sie im Einspielfilm Bilder gezeigt, die lange vorher entstanden waren. In einer Zeit, als ich auf Mallorca noch kein Auto und kein Haus hatte. Der RTL-Redakteur hatte zu mir gesagt: »Lass uns ein schickes Cabrio mieten, dann kann sich der Kameramann hintenrein setzen und dich filmen.« So wurde es gemacht, und der Wendler fuhr im gemieteten Cabrio über die Insel. Im Fernsehen sah es dann so aus, als wäre ich der reiche Assi, der mit dem dicken Cabrio den Macker macht. Ich war entsetzt, wie unfair man Bilder in einen falschen Kontext einsetzen kann. Ich stehe da als dekadentes Arschloch, weil ich auf eine Idee eingestiegen bin, die vom Sender kam.

Die Sendung wurde Ende Juli 2008 ausgestrahlt, also auf dem Höhepunkt der Medienhetze gegen mich. Zu allem Überfluss wurde sie ein Jahr später exakt mit den gleichen Zitaten wiederholt. Wieder amüsierten sich also alle über den Pleite-Wendler aus dem Jahr zuvor, obwohl diese Insolvenz längst vollständig abgeschlossen war. Danke, RTL.

KAPITEL 13

SCHLAGERWELTEN

Wenn ich die vier Sparten deutschen Schlagers nach meiner Unterteilung durchgehe, stelle ich fest, dass sich gerade im konservativen Schlager seit den Siebzigern nichts mehr entwickelt hat. Weil dort unglaublich viele Altstars rumlungern, die auch seit 30 Jahren dort stehen, wo sie stehen. Manche legen jetzt poppige Sounds unter ihre Musik, aber das klingt halt wie gewollt und nicht gekonnt. Da sind Hopfen und Malz verloren.

Dabei kritisiere ich nicht etwa ihr Alter. Nein, ich kritisiere die Texter und Komponisten, die sich nie weiterentwickelt haben. Ich kritisiere die Schallplattenfirmen, die vor Michael Wendler nie den Mut hatten, auch mal junge Künstler zu fördern. Deshalb gibt es dieses Riesenloch. Das haben die Kollegen leider missverstanden und immer auf mich geschimpft. Was sich dieser junge Fatzke da einbildet! Dabei wollte ich niemanden beleidigen. Ich habe diese Kollegen ja auch einmal verehrt – früher. Aber dieses »Verharren« hat dem Schlager insgesamt geschadet, denn mittlerweile ist eine Generation an Hörern nachgewachsen, die sich mit dem alten Schlagerscheiß nicht mehr identifizieren kann. Auch deshalb habe ich den Popschlager erfunden, mit modernen Sounds und internationaler Ausrichtung.

Der Effekt war enorm: Plötzlich hören wieder 30-Jährige deutschen Schlager, auf meinen Konzerten tummeln sich sogar 18-Jährige. Und die rennen auch wieder in die Tanzschulen, um Discofox zu lernen. Die jungen Männer haben begriffen, dass sie die schönsten Frauen dann abbekommen, wenn sie tanzen können. Und ich liefere ihnen die Musik dazu. Denn der Discofox wird ewig leben.

Der Partyschlager, also kurz gesagt *Titten, Arsch und Ficken*, erreicht nur eine ganz junge Zielgruppe und ist deshalb sehr eingeschränkt. So eingeschränkt, dass man damit kein Star wird und auch keine Erfolge einfährt, besonders nicht im Albumsektor. Man hört sich *Zehn nackte Frisösen* sicher einmal auf einer Party an, aber ein ganzes Album von Mickie Krause, das braucht kein Mensch. Der Krause hat als einziger Star im Partyschlager richtig gut zu tun. Auf Mallorca ist er gut gebucht. Aber er verkauft keine Alben, und von Goldauszeichnungen ist er Galaxien entfernt.

Wenn man sich für so viel besser hält, ist die Bilanz ernüchternd. Fünf goldene Schallplatten habe ich schon an der Wand in meinem Büro hängen, und dazu stehe ich mit dem »Best of«-Album kurz vor Platin. Ich wurde 2010 sogar für den Echo nominiert, und so eine Nominierung bekommen nur die Besten im deutschen Schlager.

Wenn mich bestimmte »Kollegen« kritisieren oder versuchen, mich kleinzureden, so kann ich das inzwischen nicht mehr sonderlich ernst nehmen. Man muss sich doch nur mal die Verkaufszahlen anschauen, an denen man ablesen kann, was ein Künstler wert ist. An den Schreihälsen, die einen niedermachen, kann man den eigenen Erfolg nicht erkennen. Man denkt zwar im ersten Moment, ganz Deutschland würde so denken wie die 100 Leute, die einen nicht mögen. Solange ich Hunderttausende Fans begeistere und die meine Musik wollen, so lange mache ich weiter. Das wäre ja auch noch schöner, dass ich mich zurückziehe, nur weil meine

Konkurrenz das so will. Ich werde niemals meine Fans im Stich lassen.

Gerade beim Partyschlager gibt es die größten Schreihälse. Das sind aber auch die Künstler, die die Leute am wenigsten interessieren. Da gibt es einen Big-Brother-Jürgen, der jede Gelegenheit nutzt, einen Michael Wendler zum Duell aufzufordern. Aber auf solche Spielchen lasse ich mich gar nicht ein. Das sind Z-Promis, die versuchen, auf dem Wendler-Zug mitzureisen. Und wenn man so einen Promi gerade wieder vergessen hat, weil er als Schwarzfahrer aus diesem Zug natürlich rausgeworfen wurde, dann kommt wieder irgendein Scheiß. Als er in einem kurzen Ausschnitt in meiner Doku-Soap auf SAT1 mal kurz zu sehen war, widmete ihm meine Lieblingszeitung *BILD* gleich wieder eine Schlagzeile und einen Bericht, in dem er mich zünftig beleidigt. So lässt er sich zitieren: »Er leidet unter Minderwertigkeitskomplexen und wahrscheinlich einem kleinen Penis. Er war schon immer der Größte. Ich kenne ihn schon seit Zeiten, in denen er nichts war – und schon da war er größenwahnsinnig, ist mit 27 Security-Leuten rumgelaufen, obwohl ihn keiner kannte.« Er hoffte wahrscheinlich, dass ich reagieren würde, damit er auch mal wieder ein bisschen Prominenz erhascht. Aber das ist mir zu albern, auf so etwas gehe ich nicht ein, das ist lächerlich, das ist eine Art von Öffentlichkeitsarbeit, die ich nicht brauche: nämlich richtig schlechte PR. Manche Leute nehmen alles mit, aber mir geht es um andere Sachen.

DIE WENDLER-MASCHE ODER DAS PRINZIP WENDLER

Erfreulicherweise haben viele Menschen schon erkannt, was meine wahren Absichten sind und dass ich aus guten Gründen das mache, was ich mache. Mir geht es definitiv nicht darum, jemanden zu verdrängen. Ich versuche vielmehr, meinen Stil weiter auszuprägen und meine Nische in der Schlagerszene zu finden. Denn man braucht eine Nische, um erfolgreich zu sein. Wer nur kopiert und einer unter vielen ist, der wird nie so erfolgreich sein wie Michael Wendler.

Dieses großspurige Auftreten, das sollte man nicht ganz so ernst nehmen. Die Dekadenz, die ich zelebriere, ist nur ein Mittel der Promotion. Andererseits kaufe ich mir natürlich auch keinen Lamborghini, nur um meine Position darzustellen. Den habe ich, weil ich es liebe, ein tolles Auto zu fahren. Weil ich es in Ordnung finde, mir etwas zu leisten, und weil es mir nichts ausmacht, das auch zu zeigen. Und das ist neu in Deutschland.

Das hat aber nichts mit Dekadenz zu tun, sondern mit Träumen, die in Erfüllung gehen. Weil ich es mir leisten kann. Träume, die noch vor einigen Jahren undenkbar waren. Ich glaube, dass jeder, der das hier liest, solche Träume hat. Sei es nun ein tolles Kleidungsstück, eine unvergessliche Reise oder ein tolles Haus. Ganz viele Männer in meinem Alter träumen eben davon, einen Sportwagen zu besitzen, der mehrere hunderttausend Euro kostet. Einen Porsche, einen Lambo oder einen Aston Martin. Die Magazine sind voll mit diesen Männerträumen in Lack und Metall und Gummi.

Viele Männer finden deshalb toll, was der Wendler macht. Weil ich der Macho bin, der den Lambo mit quietschenden Reifen über den Asphalt jagt und der seine Frau auch mal an den Herd schickt. Die Männer finden das geil, aber sie dürfen es heutzutage nicht mehr zugeben. Denn Frauen regieren die Welt, und das ist in manchen Bereichen auch gut so. Ich erledige das also stellvertretend für alle Männer. Außer mir traut sich nur noch Dieter Bohlen, das so exzessiv auszuleben. Alle anderen, die diese Masche probieren, rudern immer ganz schnell zurück. Weil sie merken: Der Macho, der kommt nicht gut an. Und dann bleibt der Erfolg aus.

Wie lange wird es wohl noch dauern, bis alle Leute merken, dass hinter der Fassade ein netter Kerl steckt? Dass der Wendler eben der Wendler ist und man ihn so nehmen muss, aber eben auch so nehmen kann, wie er ist. Ich hoffe, das geschieht bald. Manchmal habe ich schon die Befürchtung, dass mich die Leute für hirnverbrannt halten. Aber dagegen kann ich nichts tun.

Leider werden die Selbstbewussten gern niedergemacht, während bescheidene Menschen eher unterstützt werden. Nicht nur in der Schlagerszene, das ist generell so in Deutschland. Dennoch gehe ich einen Weg, den vor mir noch keiner gegangen ist und sich auch keiner getraut hat zu gehen.

Dank dieser Einstellung habe ich es tatsächlich geschafft, mit meinen Popschlagern kürzlich in der *Krone der Volksmusik* aufzutreten. Und ich wurde sogar ausgezeichnet! Ich wurde zum besten Musiker 2009 gekürt, und das vor rund sechseinhalb Millionen TV-Zuschauern. Und schon bin ich vielen wieder ein Dorn im Auge. Denn dann kommt die Frage: »Was hat Ihre Musik mit Volksmusik zu tun?« Die Antwort ist doch klar: »Ich mache Musik fürs Volk.« Darum hat meine Musik die Berechtigung, als »Volksmusik« bezeichnet zu werden. Aber überrascht hat es mich schon, und ich finde den Schritt sensationell, dass Michael Wendler in so einer Sendung stattfinden darf.

Ohne jede Einschränkung übrigens. Denn ich wurde nicht aufgefordert, meine Musik den Gegebenheiten anzupassen. Die Gegebenheiten, das heißt, dass 6 Millionen Zuschauer über 50 sind und nur eine halbe Million darunter – das war die Zusammensetzung der TV-Zuschauer bei der *Krone der Volksmusik*. Ich wurde nicht dazu verdonnert, Schunkel-Schunkel zu machen, ich durfte meinen Popschlager so präsentieren, wie er ist. Dabei sind dann alle wieder aufgewacht und die Herzschrittmacher haben sich von allein wieder eingeschaltet. Ich hoffe, so ein Auftritt belebt die Szene.

Ich möchte gern zeigen, was ich für ein Mensch bin, aber die Medien arbeiten immer nur mit ihren Schubladen und Klischees. Das ist bequemer und gut für die Auflage. Die Medien interessiert nur, was der Wendler jetzt schon wieder für einen Scheiß macht. Keinen interessiert, dass der Wendler ein netter Kerl ist. Meine Fans wissen das, deshalb habe ich ja auch so viele. Wer sonst gibt schon 300 Konzerte im Jahr und ist somit auf Dauertournee? Wenn ich die 3 Millionen Euro nicht hätte zurückzahlen müssen, hätte ich schon längst aufhören können. Das Geld habe ich nicht dafür bekommen, dass ich auf der Couch liege. Ich habe es bekommen, weil ich mir nächtelang den Arsch aufgerissen habe, immer auf Tour bin und wenig geschlafen habe. Alle meine Songs, die Hits, die Gold und Platin erreichten, habe ich komponiert, getextet, arrangiert und produziert. Ich habe meine Konzerte organisiert und meine eigene Tontechnikfirma gegründet. Hinter dem Projekt Michael Wendler steckt so viel Michael Wendler, dass das anerkannt werden muss. Finde ich. Und ich hoffe, es wird mir künftig mehr gegönnt werden. Denn wer erfolgreich ist, verdient auch Geld. Und das zu Recht.

Ich bewege mich immer noch im deutschen Schlager. Deutschland vergreist langsam, und vielen älteren Menschen ist Michael Wendler suspekt. Diese Leute werde ich nicht mehr kriegen, fürchte ich, weil sie ständig Negativberichte lesen und den Wendler als schmuddelig empfinden. Man sagt ja, es gibt keine schlechte Presse. Hauptsache, man ist in den Schlagzeilen und dein Name ist dabei richtig geschrieben. Ich weiß nicht, ob ich das auch so sehe. Andere Kollegen sind da intelligenter. Die ziehen sich zurück und geben von ihrem Privatleben überhaupt nichts preis. Die spielen den Saubermann, aber hinter den Kulissen sieht es ganz anders aus, da sind sie dann Schweine und nicht viel besser als jeder Banker, der seine Anleger bescheißt.

SAUBERMÄNNER UND SAUBERFRAUEN

Ich denke da an Marianne und Michael, unser omnipräsentes Volksmusik-Ehepaar. Wenn man als Künstlerehepaar auch noch zusammenarbeitet, dann ist das immer problematisch. Ich finde es von unschätzbarem Wert, dass meine Claudia überhaupt nichts mit der Branche zu tun hat. Deshalb Respekt vor Marianne und Michael, deren Beziehung noch hält. Zumindest dem Anschein nach. Denn selbst wenn man drei Garderoben weiter sitzt, hört man oft, wie vor einer Show die Fetzen fliegen. Die beiden zoffen sich tatsächlich wie die Bauarbeiter, oder, nun ja, wie ein altes Ehepaar eben. Aber kaum klopft die Künstlerbetreuerin an die Tür und ruft zur Aufzeichnung, da wird das Strahlelächeln ausgepackt und eingenordet, und das Publikum im Saal und im Wohnzimmer denkt sich: »Hach Gott, welche Harmonie.« Die beiden sind halt ein Prototyp der Generation unserer Eltern. Da bleibt man zusammen, egal wie sehr es scheppert. Weil es halt so ist und weil es so sein muss. Und weil man darauf achten muss, was die Nachbarn sagen.

Ein anderes Beispiel ist Schlagersängerin Michelle. Sie hat einen Riesenfehler gemacht, als sie sich medial genauso offen gegeben hat wie zum Beispiel Michael Wendler. Aber bei einer Frau ist das sehr gefährlich. Die wird sehr schnell als Schlampe hingestellt. Immer wieder tauchten neue Geschichten aus ihrem Privatleben auf. Das hat sie ruiniert und ihr Sauberfrau-Image zerstört. Dabei war sie anfangs die Zauberfee des deutschen Schlagers und auf dieser Position unangefochten. Eigentlich dreimal geiler als jede andere Sängerin in Deutschland.

Dann kam jedoch der große Fehler: Man erfuhr von ihrem Privatleben, das leider total beschissen war. Sie hatte Scheidungen hinter sich und leistete sich einige Schlammschlachten. Zu allem Überfluss wohnte sie auch noch schmuddelig. Das wirkte, als hätte sie zwei Persönlichkeiten – Zauberfee versus Schlampe. Das verzeiht der Schlager nicht. Diese Geschichten haben ihr Bühnenimage kaputt gemacht. Denn die Fans haben auch Illusionen, und die wurden in Michelles Fall total zerstört. Auch sie selbst ist daran zerbrochen, dass sie diese zwei unterschiedlichen Leben gelebt hat und eigentlich nicht die war, die sie auf der Bühne dargestellt hat. Das musste zwangsläufig schiefgehen.

Sie versuchte auszubrechen, schon durch den Namenswechsel. Sie nannte sich plötzlich Tanja Thomas und machte damit deutlich, dass sie niemals wirklich »Michelle« gewesen war. Das war der Anfang vom Ende. Obendrein hatte ihr Manager Uwe Kanthak plötzlich seine Neuentdeckung am Start: Helene Fischer, die etwa zur gleichen Zeit durchstartete wie ich. Helene Fischer entspricht schon mehr dem Image, das es zum Erfolg im Schlager braucht: Jung, blond, sauber, intelligent, erfolgreich. Dieses Klischee will man mit aller Macht aufrechterhalten.

Nur so kann es auf Dauer funktionieren. Der Manager Kanthak passt extrem darauf auf, dass keine Probleme auftauchen und auch nichts aus ihrem Privatleben veröffentlicht wird. Denn darauf, dass die makellose Helene Fischer angreifbar wird, warten die Medien. Auf eine Winzigkeit. Und dann wird mit ihr das Gleiche passieren wie bei Michael Wendler – sie wird zerrissen werden. Mit Gesang und Können hat das überhaupt nichts zu tun. Der Schlager ist da ganz anders, viel extremer und unerbittlicher als andere Musikbereiche. Bei Rockmusikern gehören ein schwieriges Privatleben und viele Brüche ja geradezu zum guten Ton. Im Schlager ist das das Ende.

EIN STERN, DER DEN NAMEN DJ ÖTZI TRÄGT

Es war etwa zur gleichen Zeit, als *Sie liebt den DJ* unter Federführung der Sony auf den Markt kam, der mir zum Durchbruch verhalf. Da hörte man oft einen anderen Song in den Diskotheken und im Radio. Einen Song, der schließlich zur erfolgreichsten Single der letzten Jahre überhaupt werden und sich weit über eine Million Mal verkaufen sollte. Und der damit den Schlager überholte, der bis dahin am längsten in den Top Ten war, nämlich Freddy Quinns *Die Gitarre und das Meer*.

Es war eine krude Geschichte. Ich habe den Titel *Ein Stern, der deinen Namen trägt* nämlich lange vor seinem Durchbruch erstmals in meinem Tonstudio in Köln gehört. Ein gewisser Nic, bürgerlich Mirco Harald Goronzy und aus Duisburg stammend – also in Sichtweite von Dinslaken und dem Wendler – hatte das Lied dort aufgenommen. Es war eigentlich uralt. Ein Österreicher namens Nikolaus Presnik hatte es 1998 für den *Grand Prix des Schlagers* komponiert und getextet. Damals ging es vollkommen unter und niemand interessierte sich mehr dafür. Neun Jahre später nun spielte mir mein Mixer Michael Dorth das soeben aufgenommene Stück vor, weil er meine Meinung dazu abfragen wollte. Mein Urteil war vernichtend. »Schon wieder so ein Kack. Das soll wohl in Richtung Popschlager gehen, ist aber zu konservativ. Ich glaube nicht, dass das erfolgreich sein wird.«

Wurde es doch. Der Duisburger Nic rockte die bundesrepublikanischen Diskotheken. Ich habe das oft selbst erlebt. Bei den Events, bei denen auch ich dabei war, war er der gefeierte Star. Das wurde rauf und runter georgelt. Der Wendler konnte sich nur wundern, da hatte ich mich wohl richtig geirrt. Aber man konnte sehen, dass es oft reicht, ein altes Lied – das noch nicht mal ein Hit war – modern aufzumischen, und schon geht es ab. Es sind oft Kleinigkeiten, die ganz große Unterschiede machen im Schlagergeschäft.

Währenddessen bemerkte auch der Österreicher Presnik, übrigens satte 19 Jahre älter als Nic aus Duisburg, dass sein Lied mit einem Mal solchen Erfolg hatte. Auch die Plattenfirma Universal erkannte das Spiel und meldete sich bei Presnik, der sich inzwischen an einer eigenen Version in neuer Abmischung versucht hatte. Aber auch das völlig erfolglos. Kein Wunder, denn Presnik ist ein liebenswerter und ruhiger Österreicher, der kam in Deutschland nicht so an wie Nic, die Rampensau aus dem Ruhrpott.

Die Universal schlug Presnik vor, ihm DJ Ötzi an die Seite zu stellen. Mit dessen großem Namen und seinem Verständnis für funktionierende Schlagermusik sollte es klappen. Und tatsächlich: DJ Ötzi und Nik P. überrannten alles bisher Dagewesene. Auch den Duisburger Nic, der ja die erste neue Version auf den Markt geworfen hatte. Zwischenzeitlich war das Lied sogar drei Mal in den Top 100, denn in der Hochzeit der DJ-Ötzi-Version schaffte es auch die Version, die Nik P allein produziert hatte, bis auf Platz 89. Am erfolgreichsten aber war DJ Ötzi, dem dieser Erfolg völlig überraschend in die Hände gefallen war. Es gab zehn Mal Gold für über eine Million verkaufte Singles und den Echo obendrein.

Und wieder war DJ Ötzi auf seltsame Weise zu einem Riesenknaller gekommen. Das können ja viele an ihm nicht leiden, dass er nur immer den Markt beobachtet und sondiert, was funktionieren könnte, und dann Titel aufgreift und nachproduziert. Dennoch mag ich DJ Ötzi, der eigentlich Gerry Friedle heißt, sehr gern. Ich glaube, er ist einer der wenigen Menschen mit dem Herz am rechten Fleck, einer der Guten in der Branche.

Dazu muss man wissen, dass ich ein Mensch bin, der sich gern verdrückt. Mir liegt das nicht, mich vor einem Konzert im Backstagebereich bei den Kollegen einzuschleimen. Das heißt nicht, dass ich keinen leiden mag, sondern nur, dass ich irgendwie Schiss davor habe. Ich habe tatsächlich Angst davor, dass die Leute zwar freundlich tun und mir die Hand geben, aber in Wirklichkeit kotzen, wenn sie mich sehen. Das ist beklemmend und es ist mir auch peinlich, weshalb ich solche Situationen gern vermeide. Aus diesem Grund habe ich mich immer distanziert. So wurde mir natürlich vorgeworfen, ich sei ein Kollegenschwein und hätte es nicht nötig, mich herabzulassen zu den anderen. Es klingt fast schon ironisch, aber es ist wirklich so: Ich bin ein schüchterner Mensch und ganz, ganz bescheiden und ein wenig empfindlich. Ich bin Sternzeichen Krebs. Und Krebse sind in sich gekehrt und ziehen sich gern in ihren Panzer zurück, wenn sie verletzt werden oder auch nur Angst davor haben, verletzt zu werden. Ich bin manchmal sehr seelenleidig. Außer auf der Bühne bin ich gar nicht die Rampensau, die ich dort darstelle. Viele bringen das schwer zusammen, was ich auch nachvollziehen kann. Erst seit

Kurzem gehe ich etwas offensiver auf die anderen Künstler zu. Mit sehr gutem Erfolg.

Friedle jedenfalls scherte mein Image wenig. Er stürmte Mitte 2009, es ist also noch gar nicht lange her, am Rande eines NDR-Schlagerfestivals in Hannover auf mich zu und streckte mir offensiv die Hand entgegen. »Mensch, Micha, ich würd mich gern mal mit dir unterhalten!«, polterte er mir in seinem kehligen Alpenakzent entgegen. Und fing direkt an, draufloszureden. Er berichtete mir, wie lange er Michael Wendler schon beobachtet und was er für Vorurteile gehört hatte. Er fragte mich, ob ich wirklich so ein Assi und so ein dekadenter Heini sei, wie manche erzählen. Oder ob das alles nur gespielt sei oder eine Strategie dahinterstecke. Er wollte das einfach wissen. Erst später begriff ich, warum.

Zunächst hat es mich schier umgehauen. Er war superehrlich und offen. Zumal diese Begegnung in eine Zeit fiel, als diese ganzen boshaften Berichte über mich und die Insolvenzgeschichte noch nicht so lange her waren und eine ganze Menge »Kollegen« nichts mehr mit mir zu tun haben wollten. Die meinten, es sei nur noch eine Frage der Zeit, bis der Wendler weg sei vom Fenster. Aber ich begriff mal wieder, dass mich viele nicht richtig einschätzen konnten. Ich hatte ja gehofft, die Doku-Soap *Der Wendler-Clan*, die Anfang 2010 auf SAT1 lief, würde ein bisschen was erklären. Aber leider wurde ich wieder karikiert.

Gerry Friedle alias DJ Ötzi hat sich besonders für die Probleme interessiert, die ich mit meinem Vater habe. Er selbst hat auch ein sehr schwieriges Verhältnis zu seinem Vater, weil der ihn auch immer wieder kritisiert und dann aber Geld von ihm gefordert und ihn sogar bedrängt hat. Er ist nur ein Jahr älter als ich, hat eine Frau und eine Tochter, die wie meine Tochter acht Jahre alt ist. Wir haben also auch die gleiche private Konstellation. So fühlte ich mich ihm sehr seelenverwandt.

Auch er war ganz unten gewesen, auch er hatte eine ganz schwierige Familie. Seine Mutter gab ihn kurz nach seiner Geburt zu Pflegeeltern, später wuchs er bei seinen Großeltern väterlicherseits auf. Seine Mutter hat er lange nicht kennengelernt. Mit 16 Jahren lief er von zu Hause weg, er lebte als Penner unter Autobahnbrücken und auf der Straße. Dann kletterte er wieder aus dem Dreck, machte eine Kochlehre, gewann Karaoke-Wettbewerbe und arbeitete als DJ in Diskotheken. Und als er gerade wieder Hoffnung schöpfte, erkrankte er an Krebs, den er aber besiegte. Als er all das überstanden hatte, kam der Erfolg. *Anton aus Tirol* war sein Riesenhit im Karneval 1999. Aber damit war er noch nicht aus dem Gröbsten raus, denn danach gab es eine Zeit, in der ihn keiner mehr hören wollte. Als er im Sommer 2003 seine Sonja heiratete, war sein Vater nicht eingeladen. Gerry wusste, warum. Der Vater sagte einer Zeitung: »Mein Sohn ist asozial.«

Es war auch beruflich keine leichte Zeit für ihn, denn der Erfolg von *Anton aus Tirol* war längst verblasst. Er hetzte oft von Auftritt zu Auftritt, durch zugige Stadthallen und laute Bierzelte. Er hatte Komplexe wegen seines schütteren Haars (deswegen die Häkelmütze) und wegen einer Narbe am Kinn (deswegen der Bart). So wurden die Verkleidungen, die er sich zulegte, um den Makel zu verbergen, zu seinem Markenzeichen. Auch das gefällt mir, das gibt doch Hoffnung. Aus allem kann etwas wachsen, auch wenn man sich am liebsten verstecken würde.

Ich spürte, dass er mich mochte. Die Distanz, die zuvor herrschte, war nach unserem Kennenlernen komplett verschwunden.

BERNHARD BRINK, ROLAND KAISER UND HOWIE ODER »SCHLECHTE CHARAKTERE«

Natürlich gibt es in der Branche wahnsinnig viele Kollegen, die schlicht einen schlechten Charakter haben.

Roland Kaiser zum Beispiel. Bei ihm muss man immer aufpassen, was man sagt. Weil er sich aufgrund seiner schweren Krankheit kürzlich ganz zurückgezogen hat, denken sicher viele Menschen, man sollte ihn in Ruhe lassen. Aber ich finde, nur weil jemand krank ist, darf er sich nicht alles erlauben. In einem Interview mit dem NDR schwadronierte er plötzlich gegen den Wendler los, dass selbst der Moderator überrascht war. »Der ist bescheuert«, sagte Roland Kaiser, nannte mich »Trottel« und sagte schließlich: »Dem Vorurteil, dass Schlagersänger manchmal nichts im Kopf haben, kommt er sehr entgegen.« Ich finde, das ist ein Unding, das macht man einfach nicht. Für mich war Roland Kaiser ein Idol, ich habe alle seine CDs – die ich mir seitdem natürlich nicht mehr angehört habe. Aber damit hat er extrem an Herzlichkeit und Glaubwürdigkeit verloren. Er rief mich zwar irgendwann an, um sich zu entschuldigen – was ich auch akzeptiere, weil ich weiß, wie schwer es ist, sich zu entschuldigen, und weil ich deshalb schon wieder Respekt habe, wenn einer es tut. Aber auch diese Entschuldigung war ziemlich halbherzig, weil er behauptete, er sei falsch zitiert worden. Ich habe mir die Aufnahmen vom NDR vorspielen lassen – er hat es genau so gesagt. Er hat mich also bei seiner Entschuldigung auch noch angelogen.

Wenn ich mir Bernhard Brink näher betrachte, sehe ich, dass er voller Selbstzweifel ist und die Konkurrenz mit großem Neid betrachtet. Ob er seine Fans schlecht behandelt, kann ich nicht einschätzen, aber so viele hat er ja nicht. Die wird er hoffentlich nicht auch noch schlecht behandeln. Irgendwann merken auch die treusten Fans, wer hinter der Fassade ihres Idols steckt. Wenn man sich auf die Bühne stellt und anstatt zu singen erst einmal die Kollegen thematisiert und niedermacht, dann interessiert das die Fans doch nicht. Er zelebriert es in seinen Konzerten richtiggehend, auf anderen rumzuhacken, und witzelt manchmal mehr, als er singt.

Das Entscheidende bei ihm ist eben, dass er einige goldene Schallplatten hat. Schallplatten und nicht CDs. Und wenn man über den Wendler lästert, dann sollte man sich schon in der jetzigen Zeit mit ihm messen. Das können bestenfalls Andrea Berg, Semino Rossi oder Helene Fischer, die ja alle in den Charts große Erfolge haben. Die Charts sind überhaupt die einzige Bewertung, die für mich zählt. Wobei Semino Rossi, der an sich sehr nett ist, ein feiner Typ, mir musikalisch schon wieder zu aalglatt ist. So viel Schmierseife passt mir nicht. Und die Musik ist leider lächerlich, weil sich die neue Generation nicht dafür interessiert. Da ist es mir schon lieber, Fans zu haben, die meine CDs auch in 40 Jahren noch kaufen. Ich will ja die Jugend, die wir verloren haben, für den Schlager zurückgewinnen.

Manchmal hat es den Anschein, dass Bernhard Brink alle Kollegen hasst, die erfolgreicher sind als er. Dummerweise sind das viele. Dieser Hass ist aber auch der Grund, warum diese Art von Künstler ein Auslaufmodell ist. Man müsste sich erst einmal von dem Elend freischaufeln und sich auf sich selbst besinnen. Ja, besinnt euch auf eure Stärken, arbeitet euer Konzept selbstständig aus und ihr werdet merken, wie erfolgreich ihr auf einmal seid. Mit Hass und Neid wird man nicht weit kommen, weil man sich ja selber blockiert.

Genauso blockiert man sich, wenn man kopiert und covert. Es ist in der deutschen Schlagerszene mittlerweile sehr beliebt, dass man englischen Hits deutsche Texte aufpfropft, um damit im Erfolgsstrom mitzuschwimmen. Ich finde es schade, wenn jemand überhaupt keine eigenen Ideen entwickelt. Wenn kaum noch Neuproduktionen entstehen. Das mache ich nicht mit. Ich habe noch nie gecovert, sondern vom ersten Auftritt an – und ich meine schon den 1996 mit der Seniorenband auf dem Kaufhof-Parkplatz in Dinslaken – nur meine eigenen Lieder gesungen. Überall, wo Wendler draufsteht, ist auch Wendler drin. Ich kann nur sagen: Es ist doch ein viel besseres Gefühl, wenn man für etwas Eigenes gefeiert wird. Sonst wüsste ich nie: Feiern die nun mich oder den Titel eines anderen?

Ein ganz spezieller Fall in dieser Altriege ist Howard Carpendale, unser »Howie«. Mit dem hatte ich ein ganz seltsames Aufeinandertreffen in der Show von Johannes B. Kerner, als sie noch im ZDF lief. Es ging um das Thema Schlager und Erfolg. Ich war seinerzeit noch mitten in den Schlagzeilen wegen der Insolvenz. Leider nervte mich Herr Kerner mit reichlich Fragen dazu. Ich wollte nicht darüber sprechen. Einerseits war es privat und ging keinen etwas an. Andererseits hätte ich lieber meine Musik thematisiert. Nun ja. Auch Howard Carpendale war eingeladen. Schon in der Garderobe, die wegen der beengten Verhältnisse nur so eine Art Aufenthaltsraum war, wo sich alle Gäste sammelten, fand ich ihn sehr befremdlich. Er vermittelte gleich jedem, dass er sich für etwas Besonderes hielt, und verschanzte sich hinter einem Laptop. Nicht um daran zu arbeiten, sondern eher, um sich abzukapseln. Nach dem Motto: »Stört misch mal nischt, ihr Arschlöscher, isch bin Howard Carpendale.« Alles wirkte eine Spur zu großkotzig. Man verzeihe mir, dass ausgerechnet ich das sage.

Howie also hatte am Abend noch ein Konzert in Hamburg und deshalb waren viele Fans im Studiopublikum, die die Aufzeichnung der Sendung am Nachmittag zur Einstimmung mitnahmen. Der ganze Saal bestand fast nur aus Carpendale-Fans. Und dann saß der Howie da in seinen Sessel hineingegossen und meinte: »Aaah, Mischael Wendler ... kenn isch nischt.« Sorry, aber wenn man im Jahr 2008 Michael Wendler nicht kannte, dann war man entweder a) nicht von diesem Planeten, b) völlig verblödet oder c) sehr ignorant. Ich fürchte, auf Howie treffen mehrere Punkte zu. Jedenfalls ist so ein Verhalten einem jungen Kollegen gegenüber nicht sehr ehrenhaft, gerade wenn man sich in einer Talkshow mit dem Phänomen Schlager befasst und sich austauschen möchte. Da sollte man dann auch als Howard Carpendale wissen, was es außer Howard Carpendale noch gibt in der Welt des Schlagers.

Vor allem sollte sich ein Künstler, der sein Publikum so verarscht wie Howard Carpendale, eigentlich bescheidener geben. Denn er hat vor vier Jahren seinen Fans erklärt: »Das ist meine Abschiedstournee, isch gehe, auf Wiedersehen.« Dann kassierte er noch einmal fett ab, ausverkaufte Konzerte, CD in den Charts, denn es ist ja die allerletzte Möglichkeit, ihn noch einmal zu sehen und zu hören, unser aller Howie. Dann plötzlich, zwei Jahre später, heißt es: »*Hello again.*« Ich finde das abartig, und es ist traurig, dass die Presse das auch noch positiv begleitet. Dabei ist es widerlich und eine Verarschung der Fans. Sich immer wieder eine Lüge einfallen zu lassen und dann damit zu prahlen, dass seine Konzerte »immer ausverkauft sind«, da stockt mir der Atem.

FRÜHER WAR ALLES SCHLECHTER

Bernhard Brink sagt ungefragt gern, dass früher alles besser war. Wie man früher oft zusammensaß und gefeiert habe bis in die Morgenstunden. Heute dagegen herrschten nur noch Neid und Missgunst. Das sagt der Richtige! Aber dass es sich heute für ihn härter anfühlt, liegt auch daran, dass sich die Generationen verschoben haben.
Da gibt es die Riege der Altstars; den Heesters des Schlagers, Jürgen Drews. Bata Illic mit seinen gefühlten 100 Jahren. Peter Kraus singt noch mit über 70, das ist ja der Wahnsinn. Und Bernhard Brink und Roland Kaiser sind auch fast 60. Dann kommt lange, lange nichts, und dann kommen erst die Wendlers dieser Szene. Auch ich bin ja schon Ende 30. Zwischendurch liegt diese Lücke von 20 Jahren, und damit haben die Alten ein Problem. Denn sie können altersbedingt nicht mehr feiern, und die Jungen haben keinen Bezug mehr zu ihnen.

Die Jungen immerhin haben keine Angst vor den noch Jüngeren. Ich würde mich sofort bereit erklären, ein Sprungbrett für den Nachwuchs zu eröffnen. Vielleicht als Moderator im Fernsehen, in einer Sendung, wie es damals die *ZDF-Hitparade* war. Das wäre was für den Wendler. Denn ich hoffe doch sehr, dass mehr Schwung in die Branche kommt, dass der Schlager nicht ausstirbt und ich nicht der Letzte bin. Aber meine Plattenfirma hat Angst davor, dass meine Verkäufe abebben, wenn ich moderiere. Bei Florian Silbereisen gibt es ja den komischen Zusammenhang, dass er als Moderator total abräumt, aber seine CDs sich überhaupt nicht verkaufen.

Nur deshalb hat meine Plattenfirma bislang alle Moderationsangebote abgelehnt. Mein Management und die Plattenfirma befürchten, dass der Musiker ins Abseits gerät. Ich glaube fest, dass das beim Wendler nicht passieren würde. Denn ich bin der Wendler – ich kann alles!

KAPITEL 14

NO, WE CAN'T DANCE!

Du gerätst im Showbusiness ständig in diese besonderen Situationen, weil eben eine Hand die andere wäscht. Wo man sich selber nur im Weg stehen würde, wenn man nicht mitschwimmt.

Nun sollte ich also tanzen.

Yes, we can dance hieß das Format, und es wurden Promis mit Profitänzern zusammengesteckt, auf dass etwas Lustiges herauskomme. Dachte ich jedenfalls. Aber der Sender wusste wohl selbst nicht, was er wollte. Sollte man nun Spaß haben, darüber lachen oder alles bierernst nehmen? Sollte man ernsthaft Leistung zeigen? Was ich nun wirklich nicht kann, zumindest nicht als Tänzer. Die Sendung ist letztlich auch quotenmäßig daran gescheitert, dass man sich nicht entscheiden konnte. Sie hatten ja Probleme, überhaupt Prominente zu finden. Die meisten ahnten schon, auf was das hinauslaufen würde, nämlich darauf, andere vorzuführen. Also hatten sie Angst, sich zu blamieren. So hatten wir die üblichen Verdächtigen: Oli P., Ross Antony, Roberto Blanco, Giovanni, Ingo Appelt, Giulia Siegel ...

Ich bereitete mich dennoch ernsthaft darauf vor, nahm sogar einige Tanzstunden in Dinslaken. Obwohl ich wirklich nicht viel Zeit habe zwischen Tonstudio und meinen Auftritten – was ich beides als wichtiger erachte als eine Tanzshow auf SAT1. Das Unverschämte war doch: Andere Kollegen hatten eine Tanzausbildung wie Manuel Cortez, Ross Antony oder Oli P. Und die wurden verglichen mit passionierten Nichttänzern wie mir.

Dann der Abend, an dem es ernst wurde. Freitag, der 9. Oktober 2009, es war eine Livesendung. Ich gab im lila Seidenhemd den Latinohengst Ricky Martin und tat bei *Livin' la vida loca*, was ich nur konnte. Obwohl meine Tanzpartnerin so lustlos, lasch und unerotisch war, dass ich gar nicht auftreten wollte. Es konnte nicht funktionieren. Aber wieder ließ ich mich überreden. Ich fand meine Performance okay – natürlich war ich kein neuer Fred Astaire, aber ich dachte ja immer noch, es ginge um den Spaß.

Ich finde, dass jeder, der dort mitmacht, schon dafür große Anerkennung verdient. Die meisten bekamen auch nette Worte von der Jury, aber beim Wendler hieß es nur: draufhauen. Das fing schon damit an, dass Jurymitglied Désirée Nick unvermittelt zu mir sagte: »Dich kenn ich nicht.« Ich hatte mit ihr bestimmt schon an die 20 Fernsehauftritte gehabt. Und auch das zweite Jurymitglied sprang auf diesen Zug auf. Wigald Boning, der mich auch sehr gut kannte, behauptete das Gleiche. Was sollte das denn? Dann bereitet euch anständig vor und träumt nicht nur von Zeiten, als ihr noch bekannt und beliebt wart. Dann kam noch ein Viva-Moderator, den wiederum tatsächlich keiner kannte, und meinte, auf Viva werde der Wendler nicht gespielt. Mein Gott, natürlich wird bei Viva kein deutscher Schlager gespielt. Was für ein Haufen armseliger Dilettanten.

Das Publikum im Saal stieg voll darauf ein. Es gab viele Buhrufe, denn meine Tanzeinlage als Latino war wirklich nicht spanischfeurig. Aber ich dachte ja, der Versuch wird belohnt. Dennoch kam ich unter die letzten drei. Weil viele Wendler-Fans fleißig angerufen hatten. Zum Entsetzen der Jury, die nun aus den vom Publikum gewählten drei »besten« Tänzern zwei auswählen konnte, die ins Finale durften. Natürlich war ich nicht dabei. Es hätte doch gereicht, einfach zu sagen, dass das nicht genug zum Weiterkommen war. Aber nein, es musste ja was Verletzendes sein, richtig unter die Gürtellinie zielen und mich einfach nur fertigmachen.

Ich hatte das Gefühl, als Vorführobjekt zu dienen. Ein lächerlicher Idiot, der nichts kann, der prahlt, der prollt und über den man sich gerne lustig machen darf.

Vor allem Désirée Nick, jenes keifende Althuhn, das nun wirklich keiner leiden kann. Die sollte gleich wieder in den Dschungel verfrachtet werden und nie mehr rauskommen. So eine Schreckschraube wagt es, sich negativ über andere zu äußern. Die sollte sich mal an die eigene Nase packen. Die wollte auf Bohlen machen, aber dafür fehlt ihr das Niveau. Wigald Boning wollte spaßig sein und dachte wohl, dass der Wendler so selbstbewusst ist, dass ihm das egal ist. Aber auch ich brauche ein wenig Lob und Anerkennung, damit ich Lust habe weiterzumachen. Wie jeder Mensch.

Moderator Kai Pflaume hat meiner Meinung nach völlig versagt. Er hätte ja durchaus mal eingreifen können. Das haben mir auch die Mitarbeiter vor Ort bestätigt. Nur ein einziges Mal ging er dazwischen, als die Nick mir an die Wäsche wollte, aus ihrem Jurysessel aufstand und mir eine knallen wollte. Unglaublich, wie die sich in den Hass auf mich reingesteigert hat.

Das hat sehr wehgetan, denn ich bin bereit, einiges einzustecken. Aber nur in meinem Metier, der Musik. Da bewege ich mich auf festem Boden, da haut mich nichts um, da weiß ich, was ich kann und wer ich bin. Ich mache bei so einer Sendung mit, weil mir die Redakteure vermitteln, dass die Leute den Wendler sehen wollen, und nicht, weil ich mich so schön und so toll finde.

Nachher, in der Garderobe, kam Kai Pflaume zu mir und wollte gar nicht mehr gehen. Der stand eine halbe Stunde kreidebleich bei mir, hat sich entschuldigt und gesagt: »So etwas habe ich noch nicht erlebt, und wenn das im deutschen Fernsehen der Standard werden sollte, dann möchte ich mit diesem Medium nichts mehr zu tun haben.« Man sah ihm an, dass er selber schockiert war. Auch die Redakteure haben sich sehr gewundert, es war ein richtiger kleiner Skandal, und ich war wieder im Mittelpunkt. Obwohl ich nichts dafür konnte. Von der Schreckschraube kam natürlich keine Entschuldigung.

Ich bin ein paar Tage später wieder aufgetreten. Es war in irgendeiner Diskothek, und es war wieder so, dass die Mädels fast in Ohnmacht fielen, als sie meine Hand berührten. Das zeigte mir dann auch, dass man sich das alles nicht so reinziehen darf. Tanzen werde ich trotzdem nicht mehr.

MIT STEFAN RAAB DURCHS PIRATENMEER

Stefan Raab wird gerne als Lästermaul und fieser Spötter dargestellt. Aber bei ihm ist das ganz anders. Bei ihm habe ich den Eindruck, dass er mich ganz gerne mag. Und auch kein Problem damit hat, das zuzugeben. Dabei biete ich ja nun wirklich genug Angriffsfläche für ihn und seinen Schabernack. Eigentlich wäre ich das ideale Opfer. Als ich zuletzt in seiner Sendung war, sagten mir nachher seine Mitarbeiter, wie verwundert sie waren, dass er so nett zu mir war. Und ja, das Interview war sehr charmant. Raab vermied es, mich anzugreifen, und er war mir bei den Antworten so behilflich, dass er schon fast selbst antwortete. Er gab mir zumindest die Richtung vor, damit ich mich nicht verhedderte. Ich bin erst seit zwei, drei Jahren im Fokus der Fernsehkameras und deshalb auch noch lange nicht so selbstsicher wie etwa auf der Bühne.

Ich glaube, das liegt daran, dass er jemand ist, der genauer hinschaut und Hochachtung vor meiner Karriere hat. Er weiß, was ich mitunter durchmache und was ich oft leiste. Nach der besagten Sendung kam er noch zu mir in die Künstlergarderobe, und wir sprachen lange miteinander. Auch das muss er nicht machen und das tut er auch nicht oft, wie mir einige Mitarbeiter bestätigten. Welcher Kollege gibt einem nützliche Ratschläge? Die meisten wünschen dir doch die Pest an den Hals. Mindestens. Deshalb bin ich so fasziniert von Stefan Raab. Er ist nicht nur hochintelligent, sondern hat auch Herz und Verstand. Davon gibt es in unserer Branche leider viel zu wenige.

Und nicht nur das: Er wollte etwas von mir wissen und gab mir tolle Ratschläge. Er wunderte sich, dass ich immer noch existiere mit der Richtung, die ich fahre. All diese populistischen Thesen, diese Spielerei mit Dekadenz und Selbstdarstellung. Und mit dieser Zur-Schau-Stellung meines Privatlebens. Das hat so ja noch keiner gemacht, aus Angst, sich seine Karriere zu versemmeln. Auch Stefan Raab hält seine Familie, sein Haus und überhaupt sein gesamtes Privatleben komplett bedeckt. »Wie dicke Eier musst du haben, das du dein Privatleben so vorführst und trotzdem noch medial am Leben bist und nicht ständig mit Heulkrämpfen zusammenbrichst?«, meinte er bewundernd. Ich antworte kurz und ehrlich: »Weil ich weiß, dass das, was ich mache, richtig ist.«

Er erzählte mir, dass er meine Karriere schon ziemlich lange verfolge, dass er Schlager möge und total erstaunt sei, wie schnell das bei mir ginge. Er wunderte sich, wie ich ohne jede Führung durch dieses Gewässer gekommen bin. Vergleichbar sei das Showgeschäft mit einem Meer voller Piraten: Man ist umzingelt von ihnen, alle Kanonen sind auf dich gerichtet – Raab geht das ja nicht anders – und trotzdem traf mich in all der Zeit höchstens ein Streifschuss, und bin ich einigermaßen sicher im Hafen angelangt. Andere Kollegen haben die volle Breitseite gekriegt, und deshalb ziehen sich die meisten vorsorglich zurück.

Aber er mahnte auch. »Alles, was du bisher gemacht hast, war großartig. Aber ich gebe dir den guten Rat, dich nicht in finanziellen Dingen zu verstricken.« Er meinte, dass es ein großer Fehler sei, mir ein noch größeres Haus oder ein noch größeres Auto zuzulegen, um bestimmten Medien zu gefallen.

FRÜHLINGSFEST DER NEIDER

Einer meiner ersten TV-Auftritte – außer dem bereits erwähnten *ZDF Fernsehgarten* – war gleich einer der größten. Kaum hatte ich den Vertrag bei der Sony Ariola unterzeichnet, kam auch schon das Angebot zu einer großen Show, dem *Frühlingsfest der Volksmusik*.

6 Millionen Zuschauer hat dieses Format regelmäßig. Das ist schon imposant in der heutigen Zeit. Für mich war es interessant, wieder einige Erfahrungen zu machen, zu sehen, wie es hinter den Kulissen abgeht und wie groß der Neid unter den Kollegen tatsächlich ist.

Zumal die Stars der Volksmusik wieder ein ganz eigener Schlag sind. Sind wir doch mal ehrlich: Als Popschlagersänger bin ich einfach moderner, aufgeschlossener und beweglicher, das wird in dieser betulichen Sparte natürlich nicht gern gesehen. Und schon gar nicht, dass ich erfolgreich damit bin.

Und plötzlich kommt also der Wendler, was schon allein deswegen ein Skandal ist, weil ich dort mit Popschlager stattfinden durfte. Aber die Resonanz war überwältigend, das Publikum war begeistert und die Kollegen wurden noch neidzerfressener. Sowohl bei der Generalprobe am Samstagnachmittag wie auch abends in der Show. Es herrschte eine großartige Stimmung, als ich typisch wendlerisch *Sie liebt den DJ* vorsang. Die Leute standen auf und klatschten im Rhythmus.

Damals war mein Stellenwert noch eher mittel bis niedrig anzusiedeln. Das merkte man schon an der Behandlung meiner Person. Während manche ihre Einzelgarderobe bekamen, wurde ich mit 20 Kollegen, Tubas und Quetschkommoden in einem Großraum zusammengepfercht. Ich verstehe ohnehin bis heute nicht, was meine Fans immer daran finden, Backstage zu dürfen. Da herrscht extreme Hektik, unglaubliche Anspannung und ein sehr negatives Klima. Da wird weder gefeiert noch gehurt noch gesoffen. Und während sich andere erst zum Samstag die Ehre gaben, musste ich schon am Donnerstag zu einer Licht- und Stellprobe anreisen. Am Freitag folgten zwei weitere Proben, und als ich dann am Samstag nach der nachmittäglichen Generalprobe auf der Bühne stand, war ich eigentlich schon total geschlaucht und hatte gar keine Lust mehr.

KAPITEL 15

DAS MALOCHER-JAHR

2009 war ein Malocher-Jahr. Auch deshalb war ich in der Öffentlichkeit nicht so präsent wie vorher oder jetzt. Ich habe an meinem Buch gearbeitet, ein neues Album geschrieben, das 2010 rauskommen wird, die sechsteilige Doku-Soap für SAT1 gedreht, die im Januar ausgestrahlt wurde, und ich habe natürlich wieder meine 300 Auftritte gehabt. Darunter war auch meine erfolgreichste Mallorca-Tour überhaupt.

Auch privat gab es turbulente Tage. Erst der Umbau der Wendler-Villa und dann der Bau meines Märchenschlosses, einer Ranch, die insgesamt fast 5 Millionen Euro auffressen wird. Hoffentlich nicht mehr. Die Ranch ist ein ehemaliges Gestüt in Hünxe, das 2003 niedergebrannt ist. Ich habe das Haus mit seinen 10 Hektar Grundstück gekauft und werde alles wieder aufbauen. Das ist richtig viel Platz für die Wendlers. Ob meine Frau wohl mit 1000 Quadratmeter Wohnfläche zufrieden ist? Sie behauptet ja immer noch, es sieht ein wenig klein aus. Was tue ich nicht alles für meine Familie: Sogar eine Poollandschaft mit Whirlpool, ein kleines Kino und ein Fitnessstudio wird es geben. Ende 2010 soll alles fertig sein. Dazu möchte ich eine Pferdezucht aufbauen. Es sollen Andalusier sein, in die ich mich schon vor Jahren verliebt habe. Jeder hat seine Träume – das ist meiner.

Das Jahr 2009 hat viel Kraft gefressen, weil es immer Probleme gab. Zwischendurch habe ich auch sehr viele Fernsehauftritte gemacht. Da sind viele Dinge auf der Strecke geblieben.

Viel Energie habe ich in die Arbeit an meinem neuen Album *Jackpot* gesteckt. Das zog sich, denn ich bin vom Ehrgeiz besessen, möchte immer alles Dagewesene toppen und die Leute packen, die noch vor mir sind. Das »Gefährlichste« an mir ist meine Kreativität. Die Gabe, Songs zu schreiben, die ein Hit werden können. Viele sagen ja, ich würde mir selbst im Weg stehen, weil ich immer so auf die Kacke haue. Ich finde es schade, dass sich die Leute immer so mit der »Dekadenz« aufhalten und nicht einfach mal meine Arbeit bewerten. Ich habe zuletzt Songs von einer Qualität geschrieben wie nie zuvor. Und das neue Album wird Maßstäbe im Popschlager setzen. Ich gehe wieder zurück zu den Wurzeln. Zu dem, was meine Fans und die DJs erwarten: Richtig guten Popschlager. Die Leute wollen tanzen, wenn sie Michael Wendler hören.

HOCHZEIT

Das turbulente Jahr begann für mich schon zu Weihnachten 2008. Wir verbrachten das Fest auf Mallorca, in wunderbar mildem Sonnenklima auf unserer wunderschönen Finca. Ich hatte mir das verdient, denn ich musste mich durch Schneestürme kämpfen, als ich in den Tagen vor unserer Abreise ganz Hamburg wuschig gemacht habe. Auf der Suche nach einem Ring.

Einem Verlobungsring. Denn jetzt sollte es endlich so weit sein, nachdem wir seit fast 20 Jahren zusammenlebten. Und Claudia mich nicht erst liebt, seit ich ein umjubelter Star bin, sondern mich schon liebte, als ich ein bankrotter Speditionskaufmann ohne Perspektive war. Sie hat mir durch wirklich schwere Zeiten geholfen, hat mich nach oben gezogen oder auf den Boden zurückgeholt und jedes Jahr bewiesen, dass sie zu mir hält, auch wenn die Welt um mich herum zusammenbricht. Natürlich habe ich mich in der Zeit auch enorm verändert, das alles war und ist nicht leicht für sie, und deshalb war mir klar: Ich will sie endlich heiraten. Nachdem das in den Jahren zuvor nicht möglich war, da ich zuerst meine Angelegenheiten geregelt haben wollte, sprich: die Insolvenz.

Ich war also wochenlang herumgestromert, auf der Suche nach einem Ring. Einem ganz besonderen Ring. Oder einem Juwelier, der mir diesen fertigen könnte. In Hamburg fand ich ihn, einen einkarätigen Diamanten zu einem schwindelerregenden Preis. Damit konnte ich den Kniefall wagen. Denn Claudia hat über die Jahre immer wieder betont, dass sie eigentlich gar nicht heiraten will, weil sie das altmodisch findet.

Claudia ahnte nichts von meinem Vorhaben. Genauso wenig wie auch meine Mutter, meine Tochter Adeline und meine Schwiegereltern, die alle mit uns auf der Finca waren. An Heiligabend, als das Geschenke-Durcheinander vorüber war, alle satt und zufrieden waren und ein wenig Ruhe eingekehrt war, ging ich, wie aus dem Nichts, vor Claudia in die Knie. Und ich stellte die berühmte Frage und hielt ihr als unterstützendes Argument den Einkaräter hin. Wahrscheinlich wäre der gar nicht nötig gewesen, denn Claudia schaute mich selig an. Sie hätte auch Nein sagen können, ehrlich, ich rechnete mit allem und war mir überhaupt nicht sicher. Aber ich sah das Strahlen in ihrem Blick und rechts daneben, da konnte ich noch was in den Augen lesen. Es sah aus wie: »Endlich fragst du mich, du Hohlkopf.« Jedenfalls spürte ich, dass jede Frau geheiratet werden will, wenn da der Richtige vor ihr kniet. Auch wenn sie immer das Gegenteil behauptet.

Mein großes Problem in den nächsten drei Monaten war nun: Wie kann ich diesen Ring toppen? Mein Hamburger Juwelier ließ mich abermals nicht hängen und schmiedete uns, aus purem Gold und mit jeweils einem Zweieinhalbkaräter versehen, die unglaublichsten Eheringe, die ich mir hätte vorstellen können. Ein klassischer runder Schliff für Claudia, ein eckiger für den Wendler. Ich trage meinen Ring seither jeden Tag, obwohl ich eigentlich ein Ringmuffel bin, der zudem Gegenstände von solcher Größe gerne mal im Hotelzimmer liegen lässt.

Für die standesamtliche Trauung wollte ich ganz wendlermäßig etwas Besonders, etwas Extravagantes. Zumal wir die Exklusivrechte an den Bauer-Verlag und deren Zeitschrift *Das Neue* verkauft hatten. Und die sollten doch etwas Schönes fotografieren dürfen. Wir entschieden uns für Sylt. Am Morgen des 19. März 2009 packten wir die ganze Gesellschaft in einen Charterflieger und jetteten auf der Deutschen mondänstes Eiland. Ich hatte natürlich, Wendler-Ehrgeiz, alles in Eigenregie perfekt organisiert. Am Flughafen von Sylt holten uns fünf Limousinen ab, die ich für alle drei Tage komplett gemietet hatte. Es war herrlich frühlingshaftes Wetter, wir fuhren als Erstes in die Sansibar zu einem tollen Abendessen und danach in die Spielbank, um den Vorabend ausklingen zu lassen. Am 20. März heiratete ich dann meine Claudia – und sie mich – im Standesamt im Rathaus von Westerland.

Drei Wochen später folgte die kirchliche Trauung auf Mallorca. Auch die musste etwas Außergewöhnliches werden, weil wir das Ereignis diesmal mit SAT1 vermarktet hatten. Das war auch der Grund, warum es etwas hektischer zuging als bei der traumhaften Heirat auf Sylt. Ein Fernsehteam bedeutet eben eine Schweinearbeit, das sollten wir später in diesem Jahr noch intensiver erleben. Ich hatte das ganze Hilton Sa Torre in Llucmajor gemietet, ein sehr stylisches Hotel, das in den zwölf Gebäuden einer traditionellen Finca mitsamt einem 600 Jahre alten Turm untergebracht ist. Die rund hundert Gäste wurden eingeflogen, und in einer Kapelle auf dem Hotelgelände spielte sich dann die feierliche Zeremonie ab.

In der Woche vor dem Fest waren meine Hochzeitsplaner völlig fertig, denn es regnete en suite. »Eine Katastrophe«, jammerte der eine ins Telefon. »Wir brauchen ein Zelt, und das Feuerwerk und die Feuerballons, das können Sie alles vergessen.« Aber ich blieb tiefenentspannt. Ich wusste: Wenn der Wendler kommt, dann scheint die Sonne. Erst recht, wenn er heiratet.

Und so war es. Am Tag vor dem 4. April kam die Sonne durch die Wolken. Erst zögerlich, dann voll und ganz und heizte unser Fest am nächsten Tag auf behagliche 22 Grad. Die Zeremonie ging über die Bühne wie geplant, das Feuerwerk natürlich auch, und dazu tanzten Ensemblemitglieder aus dem *Tanz der Vampire*. Ein wunderbar harmonischer Abend, und irgendwann störte uns nicht mal mehr das Fernsehteam.

DER WENDLER-CLAN

Der SAT1-Dreh auf der Hochzeit war schon Teil des Deals, der mein restliches Jahr 2009 bestimmen sollte: die Produktion der Doku-Soap über unser Leben. *Der Wendler-Clan* lief Anfang 2010 mit großem Erfolg jeden Sonntag zwischen 19 und 20 Uhr auf SAT1. Jede Woche verfolgten knapp 2 Millionen Zuschauer die Ereignisse.

Wir waren 2007 zum ersten Mal angesprochen worden. Damals noch von RTL. Die Geschichte von Michael Wendler, sagte man mir am Telefon, die sei ja so geil, das müsse unbedingt verfilmt werden. Mein Leben und was ich mir da aufgebaut habe. Ich fand die Idee damals schon klasse, aber wegen der negativen Presse aufgrund meines Insolvenzverfahrens platzte das Ganze. Im Januar 2009 tauchte die Idee wieder auf, diesmal von der Produktionsfirma Schwartzkopff TV, die das für SAT1 umsetzen wollte.

Die Hochzeit auf Mallorca war gleichzeitig der erste Drehtag, danach hatten wir keine ruhige Minute mehr: Zwei- bis dreimal pro Woche tauchte ein Kamerateam bei uns auf. Die Besetzungen wechselten, wenn sie über uns berichteten. Das ging manchmal über Tage und 24 Stunden lang so, aber wir waren immer die Gleichen. Und entsprechend genervt. Erst im Dezember, wenige Tage vor Ausstrahlung der ersten Folge, waren die Arbeiten abgeschlossen. Da steckt so viel Fleiß und Einsatz dahinter, den man beim Fernsehen leider selten sieht.

So gingen wir in sechs Folgen durch mein Jahr. Die erste Folge hat mir am besten gefallen, die war richtig vollgepackt. Wendler in Reinkultur, allerdings mal wieder im üblichen Klischee-Duktus: Mein Auto, mein Haus, mein Pool. Na ja, bin ich ja gewohnt. Und zumindest meine Fans und der aufmerksame Leser dieses Buches wissen das hoffentlich jetzt einzuschätzen. Trotz oder gerade wegen der Dekadenz-Klischees: Die Einschaltquoten waren irre – 2,34 Millionen Zuschauer, was einem Marktanteil in der Zielgruppe von 11,5 Prozent entsprach. Großartig.

In der zweiten Folge, die schon deutlich entschleunigt war, ging es um meine Baustelle. Ich habe ja eine abgebrannte Ranch in Dinslaken gekauft, die derzeit zu unserem neuen Refugium ausgebaut wird. In Folge drei schließlich kommt das unerfreuliche Erlebnis bei *Yes we can dance*, bevor es in Folge vier ernst wird: Bei mir wurde Hautkrebs diagnostiziert. Dazu möchte ich noch ein paar Worte verlieren, hatte doch im Vorfeld meine Lieblingszeitung *BILD* wieder Falschmeldungen verbreitet und behauptet, das sei nur ein geplatztes Äderchen, und überhaupt spiele sich der Wendler mal wieder auf.

Den Gegenbeweis haben wir in dieser Folge erbracht: Es war tatsächlich Hautkrebs. Ich will auch gar nicht einen auf Mitleid machen, aber eine Operation im Gesicht ist auch mit harmlosem Befund immer eine ganz harte Sache. Ganz besonders, wenn man im Showgeschäft tätig ist. Mein Gesicht ist – genau wie meine Stimme – mein Kapital, meine berufliche Existenz. Man stelle sich einen entstellten Wendler vor! Ich wurde vor ein paar Jahren dreimal am Rücken operiert. Damals wurde ziemlich gepfuscht, sodass ich noch heute hässliche Narben dort habe. Das steigerte die Angst zusätzlich. Außerdem wusste ich erst hinterher, dass der Hautkrebs vollständig entfernt werden konnte. Was wiederum nicht heißt, dass er nicht jederzeit wiederkommen kann.

In Folge fünf wurde es dann wieder erfreulicher. Darin beschrieb das Team unsere tolle Fanreise nach Dubai, eine unglaubliche Stadt. Trotz 45 Grad im Schatten konnte ich die Zeit genießen, viel erleben und war mächtig beeindruckt von dem Bauboom. In Zeiten der Wirtschaftskrise ist das schon imposant. Ein Haus dort kaufe ich mir allerdings vorerst nicht. Auch wenn das in der Folge ein Thema war, weil es mich doch enorm reizte.

Die letzte Folge, die am 7. Februar lief, war dann ein schöner Höhepunkt. Ging es doch um mein Oberhausener Konzert, wo mich im September 2009 wieder fast 13 000 Wendler-Fans frenetisch feierten. Da blühte nochmal auf, was den Wendler ausmacht.

Ich habe für die Soap sofort sehr viel Gegenwind bekommen. Damit muss ich klarkommen und ich komme damit auch klar. Wir wurden unverfälscht und neutral dargestellt, das war richtig geil. Und letztendlich ist und bleibt es eine Sensation, dass es diese Serie überhaupt gab. Das wurde mir erst jetzt so richtig bewusst. Vor einem Jahr habe ich es eher schulterzuckend hingenommen. Aber durch die Resonanz und dadurch, dass mir ständig alle sagten, was das für ein Hammer sei, wenn einem Schlagersänger eine eigene Serie gewidmet wird. Für mich war es anfangs nichts Besonderes. Hey, ich bin doch Wendler, wenn nicht ich, wer dann? Ich hätte sogar einen eigenen Kinofilm verdient.

EIN FLOP UND EINE TRENNUNG

Das Jahr 2009 war aber, wie bereits erwähnt, auch ein recht holpriges Jahr. Mit Enttäuschungen und neuen Lektionen für mein Lebensbuch. Denn die große Tournee, die ich für das Frühjahr und den Sommer geplant hatte, wurde leider abgesagt. Eigentlich sollte ich in vielen großen Hallen, in vielen großen deutschen Städten auftreten. Auch außerhalb von Deutschland. Sogar in Las Vegas war ein heißes Wendler-Konzert geplant. Deshalb nannten wir die Tour augenzwinkernd »Wendler Welttournee 2009«. Es war dann aber ein weiterer Beweis für meine These, dass ich am besten dran bin, wenn ich alles selber mache. Hierfür hatte ich mich leider auf eine Agentur aus Berlin eingelassen.

Es sollten 14 Konzerte werden. Das erste, im Kölner *Palladium*, fand vor ausverkaufter Halle statt, anschließend gab es noch zwei weitere Konzerte, und es ließ sich richtig gut an. Die Hallen waren gut gefüllt, die Fans ausgelassen und angetan. Schließlich sieht mich der Fan nicht immer zwei Stunden durchpowern, ein üblicher Auftritt ist nach 45 Minuten vorbei. Dann aber wurden zugesagte Gagen nicht überwiesen, und ich sah mich gezwungen, weitere Konzerte abzusagen. Offenbar war für unseren Veranstalter der Vorverkauf nicht gut genug gelaufen, obwohl wir an jedem Ort um die 2000 Tickets abgesetzt hatten, was ich enorm fand. Der Veranstalter aber ging wohl von der drei- bis vierfachen Menge aus und hatte entsprechende Hallen gebucht, die nun offenbar zu teuer waren.

Auf der andere Seite standen schon Tausende Fans mit ihren Eintrittskarten, die sich alle riesig auf den Wendler gefreut hatten. Ich fand diese Resonanz sensationell. Der Veranstalter aber sagte dann mit fadenscheinigen Begründungen die restlichen Konzerte ab, und ich stand da mit dem Imageproblem. Denn natürlich tönten wieder viele: Die einen lachten, weil ich nicht genug Karten verkaufen könne, die anderen meinten, ich sei zu faul und würde meinen Arsch nicht hochkriegen. Ich hätte aber alle Konzerte gerne gespielt und wäre für meine Fans da gewesen.

Ich habe ja schon mehrfach angedeutet, dass ich ungern etwas aus der Hand gebe. »Michael Wendler« ist mein Baby, ich habe es zur Welt gebracht und aufgezogen mit meinen Ideen und meiner Vorstellung davon, was ich erreichen will. Und ich habe das Projekt so weit gebracht, dass mir die größten Plattenkonzerne Deutschlands die Türen einrennen.

Kurz vor dem großen Deal mit der Sony Ariola stand im November 2006 plötzlich Heiko Schulte-Siering vor meiner Tür. Ich war entspannt, denn ich hatte ja schon viele abblitzen lassen, die mein Management übernehmen wollten. Weil ich nie sah, was ein Manager zu bieten hat, was ich nicht selbst machen kann. Die wollten doch nur auf den fahrenden Wendler-ICE aufspringen und Geld an mir verdienen. Und wir wissen ja auch, dass Manager oft richtige Schweine sein können, die dich betrügen und dich in Schulden stürzen.

Mit diesen Gedanken saß ich ihm nun in einem Restaurant gegenüber und hörte mir an, was er zu sagen hatte. Und ich muss zugeben: Es beeindruckte mich. Er war sehr gut vorbereitet und bestens informiert, hatte Michael Wendler analysiert, wusste genau, wer ich bin und wie ich in der Branche stehe, schlug mir Konzeptideen vor und zeigte detailliert auf, was ich noch erreichen könnte. Dass ich mich überall verbessern könnte: Bei den Gagen, in der Wertigkeit und im Fernsehen.

Womit er mich dann endgültig rumkriegte, war das Angebot, kostenlos für mich zu arbeiten. Ich habe ihm nichts versprochen, aber ich erlaubte ihm, seine Ideen auszuprobieren und umzusetzen. Er heftete sich an meine Fersen, und er setzte tatsächlich viel um. Es war die Zeit, in der ich wirklich durchstartete. So hat er als Erstes meine Gagen angehoben. Ich bin vorher für 2200 Euro getingelt, eine Summe, die ich schon sensationell fand. Ich hatte schließlich meine 30 Auftritte im Monat. Jetzt weiß ich auch, warum: Weil ich so günstig war. Die Veranstalter haben sich insgeheim wohl kaputtgelacht. Heiko schraubte meine Auftrittsgage auf 3500 Euro, was ich für gefährlich hielt.

»Da bucht mich doch keiner mehr, das ist zu teuer«, sagte ich.
»Warte ab«, antwortete Heiko und gab sich sehr sicher.

Und tatsächlich: Es war mehr los als zuvor. Ich bekam den Eindruck, je höher die Gage, desto wertiger der Künstler. Die meisten Veranstalter gehen wohl davon aus, dass der Sänger umso besser ist, je teurer er ist. Das schuf Vertrauen zu Heiko. Er schien zu wissen, was er tat, und er schien zu wissen, was mir guttat.

Ich war sehr zufrieden. Da war jemand an meiner Seite, der mit zu den Events fuhr und der gut verhandelte, seriös und zu meinem Vorteil. Und er kostete keinen Cent. Klar, dass das nicht ewig so weitergehen konnte. Er wusste, dass ich sein Sechser im Lotto sein könnte, aber er wusste auch, ich würde ihn hochkant rausschmeißen, wenn er gleich mit Forderungen daherkäme.

Eines Tages kam Heiko zu mir und erzählte mir von einem Veranstalter, der einen Weltrekordversuch mit dem Wendler starten wollte. Das größte Hallenkonzert Deutschlands in der Arena auf Schalke, die mit ihren bis zu 70 000 Plätzen dafür geeignet wäre. Den Rekord hält bislang Wolfgang Petry mit 16 000 Fans in der Halle. Das, hieß es, sei nur mit Michael Wendler zu toppen.

Ich habe einen Standpunkt: Michael Wendler funktioniert nur durch Michael Wendler. Alle um mich herum sind Mitläufer, die davon profitieren, aber auch austauschbar sind, wenn es nicht läuft. Manchmal hat man einen Partner an seiner Seite, mit dem man mehr umsetzen kann, aber ohne mich ist der auch wieder nichts. Das Projekt Michael Wendler ist kein Kinderspiel, sondern es fordert jeden Tag Höchstleistungen. Jeder Song, den ich schreibe, kann darüber entscheiden, ob ich in ein, zwei Jahren noch erfolgreich bin. Ich, und nur ich, schreibe diese Songs und ich bin verantwortlich dafür. Und mich und nur mich wollen die Fans hören, und sie allein entscheiden darüber, ob ich auch morgen und übermorgen noch stattfinde.

Denn Michael Wendler ist mein Leben, ich trage das komplette Risiko für dieses Projekt. Und jeder Fehler, den ich mache, kann ein Schritt in den Abgrund sein. Und Heiko Schulte-Siering und ich gehen getrennte Wege

KAPITEL 16

DER POLARISIERER. DER SKANDAL-MANN

Vielen in der Szene wird diese Biografie nicht ausreichen. Sie wollen ein Buch, das mich weiter in eine Rolle drängt: Der Polarisierer. Der Skandal-Mann. Der Aufmüpfige.

Immer mehr Menschen um mich herum reiben sich die Hände, dass das Großmaul Wendler erschaffen wurde. Dabei will ich nur geliebt werden und tun, was ich am besten kann: guten Popschlager singen. Aber man merkt, da ist viel mehr Aufmerksamkeit drin, wenn man die Rolle spielt, die man mir übergestülpt hat. Es flutscht besser. Ich habe jahrelang so vehement dagegen angekämpft, dass ich dachte, ich bin bescheuert.

Es kommen immer die gleichen Fragen. Wie zum Beispiel die, warum ich immer in der dritten Person von mir spreche. Dann sag ich mir – beziehungsweise dann sagt sich der Wendler: Scheiß drauf, kokettiere ich halt damit. Warum es so ist, was dahinter steckt, dass ich ja nicht mal Wendler heiße, sondern dass das nur mein Künstlername ist, das will sowieso keiner wissen. Die wollen, dass ich polarisiere, also tu ich ihnen den Gefallen. So habe ich ein Image bekommen, mit dem ich ganz gut leben kann. Bin ich halt der Polarisator. Das ist ja auch eine Marktlücke. Die Kritik und den Hass gegen mich und meine Art, das »Projekt Wendler« zu leben und zu verkaufen, kann ich größtenteils nicht nachvollziehen.

Was tu ich denn Schlimmes? Ich ziehe mir keine Kokslinien auf dem Bordellklo rein, ich trage keine Tangas, ich wechsle die Frauen nicht wie Unterwäsche. Ich rauche nicht, ich trinke keinen Alkohol. Eigentlich führe ich ein ziemlich biederes Leben, bin seit 20 Jahren mit meiner Frau zusammen, habe eine acht Jahre alte Tochter und ich bin Schlagersänger. Verdammte Scheiße. Das isses auch schon. Aber die Medien wollen den wilden Hengst haben, und irgendwann fügt man sich in die Rolle.

Denn, und jetzt kommt's: Natürlich bin ich daran interessiert, mit dem Projekt Michael Wendler Geld zu verdienen. Aber das würde niemand anders machen. Jeder versucht doch immer rauszuholen, was geht. Vor allem wenn man weiß, wie es ist, nichts zu haben. Dann freust du dich über jeden Euro. Das geht dem Fließbandarbeiter bei Ford so, und das geht dem Wendler so. Nur bei mir, da mischt sich jeder ein, da will jeder sagen, was ich darf und was nicht, was moralisch vertretbar ist und was nicht.

Vielleicht ist das Polarisierende ja auch, dass der Wendler einfach nur sagt, wie es ist. Dass ich wie ein Waschweib ausplaudere, was man immer geheim halten wollte. Dass wir Künstler zum Beispiel viel Geld verdienen, sehr viel Geld, zu viel und noch mehr. Moralisch zu vertreten sind unsere Gagen schon gleich überhaupt nicht.

Ich finde trotzdem nichts Schlimmes dran, ich wundre mich selbst, dass ich mit dem, was ich tue, so unanständig viel Geld verdienen kann. Aber gleichzeitig weiß ich, dass es ungerecht ist. Da gibt es Ärzte, die können was, die haben studiert und retten Leben. Und verdienen 3000 Euro im Monat für täglich 24 Stunden Arbeit. Und der Wendler? Der kriegt für einen Auftritt von 45 Minuten fast 10 000 Euro. Natürlich ist das in höchstem Maße ungerecht.

Und weil es so ungerecht ist, erzählt es lieber keiner laut. Wenn es keiner erzählt, dann denkt auch keiner darüber nach. Und wenn man nicht daran denkt, dann ist der Künstler ja so bescheiden und bodenständig. Leute, wacht doch auf! In Wirklichkeit haben all die Bescheidenen doch Kohle ohne Ende. Mario Barth besitzt einen Ferrari. Und Semino Rossi, der mal bei einer Preisverleihung erzählte, er habe all seine goldenen Schallplatten auf dem Balkon, weil er keinen Platz habe, sie drinnen aufzuhängen, dieser Semino Rossi wohnt in einem Schloss. Der hat Zimmer ohne Ende und müsste einige Millionen CDs verkaufen, bis er annähernd die Hälfte aller Wände mit goldenen Platten zuhängen könnte. Ich finde es belustigend, dass die Menschen sich so leicht täuschen lassen.

Ich kann mir mittlerweile auch sagen, dass die Gage, die ich bekomme, irgendwo gerechtfertigt ist. Denn ich habe überlebt, ich habe nie aufgegeben. Das hätte ich ja auch machen können. Jederzeit. Und ich empfinde meinen Verdienst auch als Schmerzensgeld, weil ich viel aushalten muss, weil die Öffentlichkeit mich kennt und beurteilt oder auch verurteilt. Ich bin nicht nur beruflich, sondern auch als Privatperson extrem angreifbar. Ich glaube, niemand kann sich auch nur ansatzweise ausmalen, was das bedeutet. Ich muss mich permanent schützen, indem ich Personal einstelle wie einen Bodyguard. Wir wohnen hier in Dinslaken ja wirklich auf dem Präsentierteller. Die Leute ahnen gar nicht, was hier abgeht: Dass hier täglich 20 Leute vor der Tür stehen. Und auch klingeln. Dass nachts die Betrunkenen vorbeifahren und schreien: »Wendler, komm raus!« Dass es einen weiblichen Fan gibt – und jetzt wird's wirklich gruselig – die mich überallhin verfolgt, die mir nach Konzerten hinterherfährt, oben in unserer Straße im Wendehammer wartet, bis im Haus alle Lichter ausgegangen sind. Auch wenn ich keine Angst vor ihr habe, ich glaube nicht, dass irgendjemand diese Seite des Ruhms haben möchte.

Das alles glaubt man nur, wenn man es selbst erlebt. Als SAT1 die Soap hier gedreht hat, mussten die eigens einen Mann abstellen, der nur draußen für Ruhe sorgte. Sonst hätten wir drinnen gar nicht drehen können.

Geld zu besitzen ist also für einen Star sehr wichtig. Ich bin einen Weg der Öffnung gegangen, so weit gegangen wie noch kein anderer vor mir. Und umso mehr Geld brauche ich nun, um die Richtung zu wechseln. Um zu sagen: Leute, ich habe mich umentschieden, ich möchte jetzt wieder mehr Privatleben. Das ist auch der Gedanke hinter meiner Ranch. Aber ich möchte es mir auch nicht nehmen lassen, für meine Fans, die ich liebe, da zu sein. Nur weil einige ein Problem mit Michael Wendler haben, muss man nicht die Mehrheit vor den Kopf stoßen.

Man denkt vielleicht: Warum regt der sich so auf? Es ist doch toll, ein Superstar zu sein! Jeder erkennt einen, und danach streben doch alle irgendwie: Sich aus der Masse herauszuheben. Aber was das mit sich bringt, das wissen viele nicht. Es gibt ganz viele in der Branche, die diesem psychischen Stress nicht gewachsen sind.

Denn alle wollen alles wissen. Wie lebt der Wendler? Was hat der Wendler? Und am liebsten würden sie noch meine Kontoauszüge angucken. Aber wenn ich mich öffne, oh weh, dann schlägt alles ganz schnell um in Neid und Eifersucht. Den Neid kompensieren die Besitzlosen dann damit, dass sie sich lustig machen. Es ist leider in unserer Gesellschaft tief verankert. Wir können damit nicht umgehen.

Wir! Können! Es! Nicht!

Wir können nicht sagen: »Hey, ich gönn dem das, denn er hat sich das erarbeitet.« Wie auch immer. Das alles wollte ich auch im *Wendler-Clan* darstellen. Und dass ich eigentlich bodenständig bin, aber das kommt leider nicht rüber.

Als ich 2007 groß rauskam und mich die Sony Ariola zum dekadenten Star aufgebaut hat, da bekam ich unheimlich viele Bittbriefe. Es ist unglaublich. Kaum weiß man, dass jemand Geld hat, wollen alle etwas davon abhaben. Die finden das ganz legitim. Natürlich ohne dafür zu arbeiten, zu leiden oder etwas riskiert zu haben. Dann gab's den Riesenknall, das Thema Insolvenz kochte hoch und plötzlich, von einem Tag auf den anderen, hat mich keiner mehr angepumpt. Jetzt geht's langsam wieder los.

DER WENDLER UND DER BOHLEN

Eigentlich haben wir viel gemeinsam. Auch Dieter Bohlen polarisiert. Wahrscheinlich ist er seelisch genauso veranlagt wie ich. Wir sind auf der Suche nach Liebe und nach Anerkennung für unsere tolle Arbeit. Wir präsentieren uns ähnlich selbstbewusst. Und wir kriegen die Quittung dafür, auch wenn Dieter das nie zugeben würde. Das Problem bei uns beiden ist, dass wir uns völlig falsch verkaufen, um diese Liebe zu bekommen.

Auf der anderen Seite fahren wir ganz gut damit. Es ist eben immer eine zweischneidige Angelegenheit. Dieter Bohlen hat jetzt durch *Deutschland sucht den Superstar* einen Weg gefunden, auf dem er auch von der Öffentlichkeit geliebt wird. Und er will diese Liebe verdammt noch mal nicht wieder verlieren. Deshalb überlegt er sich seine Schritte ganz genau. Diese Unbeschwertheit von früher hat er abgelegt. Er ist jetzt in einem Alter, in dem er nicht von dieser Welt gehen möchte, ohne geliebt zu werden. Darin sucht er jetzt sein Seelenheil. Ich finde ja, man muss mit sich selbst im Reinen sein. Wenn man immer das sagt und das tut, was man selbst vertreten kann, dann ist alles in Ordnung.

Ich glaube, bei Dieter Bohlen ist das aber nicht so. Er verstellt sich, um geliebt zu werden. Sonst würde er doch immer noch mit seinem Ferrari durch Tötensen rauschen. Er hat mal gesagt, dass er den ganzen Protz nicht mehr braucht, und er habe deshalb seinen Ferrari verkauft. Das ist Strategie, der Öffentlichkeit eine Art Bodenständigkeit vorzuheucheln. Weil die Öffentlichkeit das so will, machen es auch viele so. Dabei verdienen sie alle richtig gutes Geld. Man nehme nur Jürgen Drews: Der kassiert pro Auftritt bis zu 10 000 Euro. Da kann man sich ausrechnen, was zusammenkommt. Und das ist richtig: Nimm, was du kriegen kannst, das macht jeder Künstler so und das ist nichts Ehrenrühriges.

Ich möchte das nicht verstecken müssen. Das würde mich unglücklich machen. Ich habe Erfolg. Und der Erfolg bedeutet auch finanziellen Erfolg.

Ich bin der Wendler, einer für alle.

Ich bin der Wendler.

DAS MÖCHTE ICH EUCH NOCH MITGEBEN

Jeder Hausbau beginnt mit dem Fundament. Die Arbeiten daran dauern, und lange sieht man keinen Fortschritt. Und plötzlich, wenn es fertig ist, wenn man das Grundwasser in den Griff bekommen hat und all die anderen nervigen Sachen, dann geht es ganz schnell. Wände, Fenster, Dachstuhl, Dach.

Irgendwie ist das mit meiner Karriere auch so gewesen. Was habe ich im Schlamm gewühlt, immer wieder gab's Schwierigkeiten, lange war kein Fortschritt sichtbar, kein Erfolg abzusehen und doch habe ich nie aufgegeben. Habe immer gewusst, dass ein gutes Fundament wichtig ist. Das Fundament sind meine Fans. Und mein Glaube an eine Sache. Das Haus sind meine Auftritte und meine Musik. Dass alles heute so prächtig in der Landschaft steht, ist das Ergebnis meiner Ausdauer. Oliver Kahn hat mal den Spruch geprägt: »Nie, nie, nie aufgeben, was auch immer passiert.« Ganz genau.

Nicht jeder wird ein gefeierter Star mit Lamborghini und 1000-Quardratmeter-Haus. Aber jeder kann etwas schaffen, auf das er stolz ist. Auch das dicke Kind, das keine Freunde hat. Auch wenn man das Gefühl hat, in der falschen Familie aufzuwachsen. Auch wenn man in einem Job gelandet ist, der einen unglücklich macht. Auch mit vielen Schulden, sogar immens vielen Schulden. Trotz alledem kann man irgendwann wieder glücklich und sogar erfolgreich werden. Man muss sich nur klar werden, was man will, und dann Wege suchen. Und nicht aufgeben, wenn es am Anfang nicht läuft. Wenn man mal den falschen Weg geht, heißt das doch nicht, dass das Ziel falsch ist und dass man es nicht erreichen kann. Erfolgsgeschichten sind immer auch Geschichten vom

Scheitern. Und vom Wiederaufstehen. Und wieder und wieder und wieder. Mancher scheitert zweimal, bevor der Erfolg kommt, mancher gar nicht, mancher zehnmal. Das kann niemand wissen. Was ich aber weiß: Es geht auch nach dem zehnten Scheitern weiter, es kommt ein neuer Tag und irgendwann eine neue Chance.

Versucht immer, euern eigenen Weg zu finden. Wer nur kopiert und sich immer an anderen orientiert, der kann nie etwas Außergewöhnliches schaffen, der bleibt immer im Schatten dessen, der das »Original« ist. Und nur, wenn man hundertprozentig hinter dem steht, was man tut, hält man mehrfaches Scheitern aus. Das heißt nicht, dass man sich nicht immer wieder Rat und Hilfe holen darf. Das muss man sogar. Wer weiß, was passiert wäre, hätte ich mir damals nicht beim Insolvenzverfahren helfen lassen. Von meiner Frau und von Fachleuten.

Heute bin ich der Wendler und ich werde ja wirklich oft sehr hart angegangen und unfair kritisiert. Das muss man aushalten in diesem Job, sonst zerbricht man. Aber auch wenn man empfindlicher ist, so gilt doch immer: Wer andere kritisiert, der hat in erster Linie selbst Probleme. Der spiegelt seine eigenen Schwierigkeiten in dem anderen. Versucht, euch von keiner Kritik runterziehen zu lassen. Aber prüft alles genau, gerade wenn es sich wiederholt. Dann kann man vielleicht wieder was Positives rausziehen.

So verlockend es auch manchmal wirkt, einfach aufzugeben: Man sollte es nicht tun. Niemals. Es lohnt sich weiterzugehen.

Denn ich bin der Wendler, das lebende Beispiel dafür.

Zwei Castingshow-Gewinner packen aus!

»Star zu sein ist komisch. Ich hätte wohl auch nur ins Mikrofon furzen können, und die da unten hätten immer noch eine Geräuschkulisse von 110 Dezibel erzeugt.«
Martin Kesici, 2003 Sieger von *Star Search*

»Ich war noch nie so weit weg von meinem Traum wie während der Zeit mit Nu Pagadi. Wir waren ein Produkt – und noch dazu eines, das sich scheiße verkaufte.«
Markus Grimm, 2004 Mitglied der *Popstars*-Band Nu Pagadi

432 Seiten
Preis: 17,90 € (D) | 18,40 € (A) | sFr. 31,90
ISBN 978-3-86883-023-1

Markus Grimm
Martin Kesici
Sex, Drugs & Castingshows
Die Wahrheit über DSDS, Popstars & Co.

Woche für Woche inszenieren Castingshows wie Deutschland sucht den Superstar oder Popstars den Traum vom glamourösen Popstar-Leben. Doch passiert auch wirklich alles so, wie man es später im Fernsehen sieht? Was geschieht in der Woche zwischen den Ausstrahlungen? Wie wird mit den Kandidaten umgegangen, und wer hat eigentlich die Fäden in der Hand? In diesem Buch bringen die beiden Castingshow-Gewinner Markus Grimm und Martin Kesici endlich die ganze, harte Wahrheit ans Licht.

DIE DUNKLEN SEITEN DER HELLS ANGELS

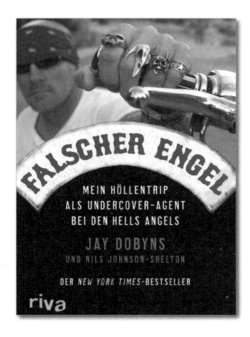

384 Seiten
Preis: 19,90 € (D) | 20,50 € (A) | sFr. 33,90
ISBN 978-3-86883-026-2

Jay Dobyns
Nils Johnson-Shelton

Falscher Engel
Mein Höllentrip als Undercover-Agent bei den Hells Angels

Der Geheimagent Jay Dobyns schaffte es, sich als Biker, Waffennarr und kaltblütiger Geldeintreiber auszugeben und so das Vertrauen der Hells Angels zu gewinnen. In seinem Buch, das auch in Deutschland längst zum Bestseller geworden ist, schildert er das Abenteuer seiner fast zwei Jahre dauernden verdeckten Ermittlung bei den Hells Angels, die ihn fast seine Familie, seine Gesundheit und sein Leben gekostet hätte.

Ein extrem gutes Buch

Über 10 Wochen in den Top 10 der *Spiegel*-Bestsellerliste

»Sein neues Buch beweist es: Er hat das Zeug zum Motivator, der Vorträge auf Managementseminaren hält. Er bleibt im Spiel.«
Paul Sahner, Chefreporter der *Bunten*, in der *Frankfurter Allgemeinen Sonntagszeitung*

352 Seiten
Preis: 19,90 € (D) | 20,50 € (A) | sFr. 33,90
ISBN 978-3-936994-99-5

Oliver Kahn
Ich.
Erfolg kommt von innen.

Dies ist ein Buch über Extreme. Geschrieben von jemandem, der seinen Beruf in Extremen gelebt hat. Es ist ein Buch über das Ich, das man braucht, um Erfolg zu haben. Und das man braucht, um mit dem Erfolg umgehen zu können. Es ist ein Buch über das Ich, das man braucht, um Teamplayer sein zu können. Und über das Ich, das man braucht, um Niederlagen wegstecken und Enttäuschungen meistern zu können, im Beruf wie im Privaten.

Wenn Sie **Interesse** an **unseren Büchern** haben,

z. B. als Geschenk für Ihre Kundenbindungsprojekte, fordern Sie unsere attrakt ven Sonderkonditionen an.

Weitere Informationen erhalten Sie bei Nikolaus Kuplent unter +49 89 651285-276

oder schreiben Sie uns per E-Mail an:
nkuplent@rivaverlag.de